京都とブランド

京ブランド解明・学生の視点

辻 幸恵
[著]

東京 **白桃書房** 神田

はじめに

　2006年3月末に『京に学ぶ－追大ブランディングチームの挑戦－』をアスカ社から出版した。学生たちと一緒に京都に行って、いろいろな場所を見たり、いろいろなものを食べたりした経験を報告した本だった。この本の主旨は、「とにかく京都を体験してみよう」ということだった。この本の取材を通して学生たちは京都に足しげく通うようになった。最初は、神社・仏閣ばかりに目がいき、遠足か修学旅行のような気分になっていた。そのうち、京都市内の商店街や伝統産業にも興味をもつようになった。とくに、錦市場や新風館のように、交通の便のよい場所は、学生たちの定番となり、多くの学生が何度も訪れた。そこで、個店のディスプレイを学んだり、売り方の工夫に気づいたりするうちに京都の商売の秘訣を学ぼうという態度に変わっていった。

　なかでも貴重な体験として、寺町通りから少し東に入ったアンティーク店の一角を間借りして、個店商売の真似事を経験させていただいたのは大きかった。仕入れや販売価格設定の難しさ、効果的なディスプレイの奥深さなど、学ぶことが多かった。また、店主から直々にフライヤーの制作を指導していただいたり、商品コンセプトのあり方をプロの骨董商からレクチャーしていただいたり、学生たちは物を売る困難と愉しみを肌で学んだ。統一感のある商品構成にも、何気ないディスプレイにも、店主の美意識や店舗のコンセプトが反映していることを実感したのである。

　学生たちは、京都を訪れるごとに、他府県から来た観光客と京都で実際に生活する人々との間の「京都観」の違いにも気づくようになった。「京と言えばこうだろう」というかたよった先入観も自覚するようになった。そして、自分たちが日本人でありながら、いかに京都について何も知らないか、また伝統、歴史、産業、言語、地理などの京都イメージを構成するすべての要素において、ステレオタイプ的な発想しかできていないということにも意識的になった。

　今回は、前著をさらに進化させて、学生たちが、おのおのテーマを明確に

したうえで、あらためて「京に学ぶ」ことになった。本書の中にも、前著と同様に、学生たちの体験が報告されているが、もう一歩踏み込んだ形での報告になっているはずだ。

たとえば、京に対するイメージ調査も、漠然とした京イメージから、京ブランドにつながるイメージは何かを再分析している。また、何が大阪や神戸と異なるのか、あるいは、何が似ているのか、ということを具体的に発見する作業や実験もおこなった。こうした試みによって、あらためて京都のステレオタイプ的イメージの強さを再認識することもできたし、我々が「和風」だと感じる要素や、「モダン」と感じている表象が、実は、1000年も前の仏像の容姿に見出せるという発見もあった。

単に、「どこどこの神社は、古式ゆかしい、すばらしい場所でした」という感想から、どのような魅力がそこにはあるのか、神社グッズにはどんな工夫が凝らされていたか、あるいはどのようなニーズの人々にアピールした方が人を集められると思うか、など、学生なりの視点での意見が添えられている。また、名所や旧跡、昔ながらの商店街などが、現代とどのような関わりがあるかということも考えられるようになった。

調査やインタビューにも幅がでてきた。商いに対する考え方を学び、経営を真剣に考える態度も見られるようになった。京都の日常にも目をむけ、生活空間としての京都の良さも発見できるようになった。

ところで「京都」は、内外から多くの観光客を集める古い都である。商業においても、工業においても、京都には歴史と伝統に支えられた老舗が存在する。その一方で、京都セラや村田製作所に代表される最先端の企業が元気な土地柄でもある。京都は、伝統と最先端という一見、相矛盾する要素が並存する都市なのである。

本報告では、個々の店舗の戦略を紹介するだけではなく、京都全体としての都市戦略も具体的にみていく。それが、都市のブランドの生成過程を考える糸口になるだろう。つまり、京都ブランドの魅力を考えることは、地方都市、あるいは、商店街や個店のブランド化を考える端緒となるのだ。

本書の構成は大きくわけると3つになる。1つ目は第1章から第3章までで

ある。ここでは、ブランド定義や現代社会の様子をまとめ、現在の企業戦略の中でのブランドの位置づけや、日本社会の求められている姿などを考察した。2つ目は第4章から第6章である。ここでは、京都がどうなのかを学生たちの報告を中心に考えた。3つ目は第7章から第9章で、ここでは調査結果をもとにした分析結果から京都に求められているものを考察した。

各章ごとの詳細は次のとおりである。

第1章：ブランドの定義と若者のブランド観

前半はブランドの定義・由来・機能、ブランドのメリットなどを紹介した。ブランド論はすでに多くのマーケティング学者が様々な切り口から研究しているが、本章では、ブランドの本質は何なのかを重点的に簡潔に述べたつもりである。後半は若者がブランドに対してどのような思いを抱いているのかを大枠でとらえた。

第2章：経営戦略と循環型社会

前半はブランドがなぜ企業にとって必要かはそれが企業にとってメリットを生むものであり、経営戦略の中にブランド戦略があることを述べた。後半は日本の社会がどのようなものかを知るために、最近の循環型社会についても先行研究を振り返って述べた。なお、この章の後半である循環型社会については、追手門学院大学の『追手門経済・経営研究』第14号に掲載した「環境型経済社会における大学生の消費行動」（2007年3月）に筆者が自ら加筆した。

第3章：消費者心理からみたブランド

消費者がブランドを求める心理を述べた。ここでも先行研究を参考にして、どのようなブランド戦略が有効なのか、また消費者のブランドに対する意識はどのように推移しているかについても、リサイクルブランド市の売上などを例示して考えてみた。

第4章：地域ブランドの構造

京都がなぜ都市ブランドとして成功しているのか、他の都市とはどこが異なるのかを中心に考えてみた。ここでは学生の見た「京都ブランド」の感想や、京都のイメージに関する意見を掲載した。

第5章：京都に対するイメージの変化

2007年に出版した『京に学ぶ』のデータと、今回のデータを比較しながら、学生たちの抱く京都のブランド・イメージがどのように変化したのか説明した。

第6章：京都の存在

この章は、ほとんどが学生たちの報告の紹介である。様々な角度から、実際に彼らが何を感じたのかをまとめてみた。なかなか学生たちの本音を引き出すのはたいへんであるし、彼らも自分の考えを明確には表現できていない。しかし彼らは確実に何かを感じとっている。それを少しでもくみ取ってもらえればという思いから、なるべく多くの報告を掲載した。

第7章：若者の京都への関心度とクールの意味

前半は若者（この場合、男子大学生）がどの程度、京都に対して関心をもっているのかという調査結果をまとめた。後半は最近、クール・ジャパンという言葉をよく耳にするが、京都とクール・ジャパンとの関係をさぐってみた。

第8章：京都が女性に好まれる理由

ここでは京都が根強く女性に支持されている理由を調査結果をもとに分析をした。調査対象は女子大学生とその母親たちである。よって2つの世代の調査結果となっている。場所に対するイメージは世代をこえて一致するところとなった。

第9章：京都らしさの演出

京都らしいものは何かということを前半は調査結果から考察した。また、後半は学生の報告を少し引用しながら、京都に人々が何をもとめているのかについて考えてみた。

本書の構成上の特徴は2つある。まずは、多くの図表の作成、引用である。これは理解を深めるための工夫である。もう1つは、前回と同様に、学生たちの意見や感想を随所に紹介したことである。できるだけ彼らの言葉をそのまま掲載した。マーケティングの専門書としては、学術的とはいいがたい、舌足らずな表現が見受けられるかもしれない。しかし、本書の目的は、先にも示したように、学生たちが京都ブランドをどのようにとらえたか、体験したのかの報告である。理論以前の学生の率直な感想を集めた点が本書の特徴であり、学生たちの感性や価値観が京都のどこにどのように感応したのかを見ていただきたいと思っている。

2008年　　　　　　　　　　　　　　　　　　　　　　　　辻　幸恵

第2刷によせて

　初版発行から2年が過ぎ、本書で取材をしたゼミ学生たちも春には卒業式を迎える。彼らはゼミの中でそれぞれが学び、巣立っていく。私は相変わらず、日々の雑事の中でマイペースに研究をしている。周囲の人々の支えがあってこそ生活が成り立っている。

　この場をかりて皆様にお礼申し上げたい。その中で追手門学院大学国際教養学部教授の梅村修先生と白桃書房の平千枝子さんのおふたりには、本当に御世話になっている。特に心からお礼申しあげ、今後もご指導を仰ぎたい。

　2010年2月

辻　幸恵

目　次

はじめに

第1章　ブランドの意味と若者のブランド観 ―― 1
　第1節　ブランドという言葉の意味 ………………………… 2
　第2節　ステータス・システムとブランドに対する若者の志向 …… 6
　第3節　ブランド・イメージの形成とそれに関する情報源 … 12
　第4節　こだわりと若者 …………………………………… 16

第2章　経営戦略と循環型社会 ―― 23
　第1節　経営戦略の定義 …………………………………… 24
　第2節　経営環境と経営システム ………………………… 27
　第3節　循環型社会の概要 ………………………………… 29
　第4節　消費者の意識分析（大学生のケース） …………… 33
　第5節　リサイクル・ブランドに対する意識調査 ……… 40

第3章　消費者心理からみたブランド ―― 51
　第1節　「製品としてのブランド」と「製品」との相違 …… 52
　第2節　ブランド認知と広告戦略 ………………………… 54
　第3節　ブランドのとらえ方 ……………………………… 59
　第4節　リサイクル・ブランドに対する消費者意識（リサーチ結果） … 61

第4章　地域ブランドの構造 ―― 67
　第1節　地域ブランドとまちづくり ……………………… 68
　第2節　京都ブランドのアピール方法 …………………… 75
　第3節　新しい地域ブランド創出の工夫 ………………… 77
　第4節　和のブーム ………………………………………… 81
　第5節　インターネットの普及と京都の商品 …………… 86
　第6節　京都ブランドの2つの視点 ……………………… 89
　第7節　コラボ商品の魅力 ………………………………… 93

第5章　京都に対するイメージの変化 ———— 99
- 第1節　イメージ調査の概要 ……………………………100
- 第2節　「事実を知る人」「物事を見た人」「事象を理解した人」の分類…108
- 第3節　京都のイメージに対するリサーチ結果 ……………114
- 第4節　共通認識の形成 ……………………………………118

第6章　京都の存在 ———— 121
- 第1節　学生視点からの「京都」という存在 ……………122
- 第2節　身近な古さとの出会い ……………………………134
- 第3節　自然を感じる京都 …………………………………136
- 第4節　事象から推察する京都らしさ ……………………138

第7章　若者の京都への関心度とクールの意味 ———— 151
- 第1節　京都への関心度調査 ………………………………152
- 第2節　京都のクールさ ……………………………………159
- 第3節　若者の求めるクール（ファッション） ……………164

第8章　京都が女性に好まれる理由 ———— 171
- 第1節　京都を好む女性の特徴 ……………………………172
- 第2節　京都が女性に好まれる理由 ………………………179

第9章　京都らしさの演出 ———— 189
- 第1節　学生が感じる京都らしい場所 ……………………190
- 第2節　物語と遺跡 …………………………………………197
- 第3節　「わかりやすさ」と「謎」 ………………………200

おわりに

ブランドの意味と若者のブランド観

第1節 ブランドという言葉の意味

　ブランドという言葉は日常的に使用されており、現在の日本においては、特別に珍しい言葉ではない。ただし、ブランドの定義は何か、とあらためて問われると、なかなか回答しにくいものである。

　そこで、ブランドの定義をいくつか紹介する。日本マーケティング・リサーチ協会（1995年）には、次のような定義が掲げられている。

> 「ブランドbrandまたは銘柄。同一カテゴリーに属する他の製品（財またはサービス）と明確に区別する特性、すなわち名前、表現、デザイン、シンボルその他の特性を持った製品。法律上ブランドの名前に相当する用語は、商標（trademark）である。」[注1]

　また、法令によるブランド保護、商標法第1条には、一般的なブランドに対する認識が次のように紹介されている。

> 「商標を保護することにより、商標の使用をする者の業務上の信用の維持を図り、もって産業の発展に寄与し、あわせて需要者の利益を保護することを目的とする。」

　さらに、ブランドの系譜を辿っていくと、次のような由来に行き着く。そもそも、ブランドとは、アメリカ大陸で放牧が盛んだったころ、牛の持ち主がわかるように、牛に焼印（burn）をおしたことが始まりと言われている。つまり自分の牛と他人の牛の区別をつけるための印であった。それが牛以外の商品にも適用されるようになったのは、小麦粉を販売する会社が、小麦粉袋に自社名を入れて印刷したことがはじまりであるという。当時の小麦粉は、どこのものかわからない、何の印もついていない現在のセメント袋のような

ものに詰められて、目方で売られていた。当然、外からは中身を見ることはできない。そのために小麦粉袋の中にネズミの死骸が混入するような不祥事も頻々とあったという。良質な小麦粉を製造していた会社は、自社製品の品質を保証し、粗悪な製品と区別する目的で、袋に会社名や印を入れるようになった。「この印のついた小麦粉袋を選んで買って下さい」というアピールである。やがて、印は図案化されロゴマークや商標となり、人目を惹くデザインが施されるようになった。こうしてロゴタイプやロゴマークは企業の信用の証になったのである。これがいわゆるトレードマークである。やがて信用を勝ち得たロゴタイプやロゴマークは、確固たるブランドとして認知されていった。これが一般的な理解である。

ただし、小川（1994）はブランドの起源については、次のように補足している。

「カーネギー・メロン大学のピーター・H・ファークハーによると、ブランドの歴史は古くエジプトの時代までさかのぼるそうです。しかし、近代的な商業活動につながるブランディング（Branding）の起源は、中世ヨーロッパのギルド社会にあります。」[注2]

確かに品質の保証というブランディングの考え方が生まれたのは、中世のギルド社会であった。ブランドの起源を、放牧の焼印に見てとるか、それとも中世ギルド社会にまで遡らせるかはともかく、ブランドの思想の根本には、同業他者の所有物や商品と、自分のそれとを区別する記号としての意味があったことは間違いない。

このような由来から、ブランドを有することの企業のメリットは、次のように説明されている。

企業にとってブランドを有することは、無形資産の保有を意味する。

また、ブランドを有することで、他企業との物財やサービスと自社の物財やサービスの差別化をはかることが出来る。企業にとってブランドを構築することは、企業そのものを消費者にアピールすることと大きく結びつくのである。

また、ブランドはその企業の信頼を具現化したものという見方もある。
網野（1996）は法律的な側面から、ブランドすなわち商標に期待される機能、あるいは特性として以下の4つを挙げている[注3]。

①商品そのものを抽象的に表現する。
②商品自体の品質性能のみならずこれを製造販売する営業の優秀性、誠実性、能率性その他の名声等を含む、いわゆる信用を象徴する。
③広告的ないしは宣伝的な活力をそれ自体のうちに具有する。
④大衆性・社会性を有する。

網野は、これら4つの特性を有するシンボルを前提とするモノが商標だ、という説明をしている。機能別にまとめれば、商品識別の機能、出所表示の機能、品質保証の機能、および宣伝広告的機能という4つの機能になるのである。
一方で、ブランドの価値を数値化して示そうという試みが近年さかんに行われるようになった。たとえば、1999年には、日本経済新聞社が、国内の企業を対象として、ブランドのランキングを実施している。そこで使用された尺度は次の7つである。

①主導性　　②安定性　　③市場性　　④展開性
⑤サポート　⑥方向性　　⑦法律性

これらの7つの指標について、それぞれを陶山（2000）は、以下のように説明をしている[注4]。

①主導性　‥‥そのブランド・ネームで行う主要事業が、各カテゴリーでどの程度リーダーシップ性があるか。
②安定性　‥‥そのブランドの存続が、どの程度保証できるか。
③市場性　‥‥そのブランドが属する市場でどれほど魅力があるか。
④展開性　‥‥そのブランドが存在する地域やカテゴリー領域は、どれほ

どの広がりをもっているか。
⑤サポート‥ブランド力の育成のための継続的な品質向上やコミュニケーション活動にどの程度の経営資源を注いでいるか。
⑥方向性‥‥ブランドの将来性はどれほどあるか。
⑦法律性‥‥ブランドが法的に管理・マネジメントされているかどうか。

　これらの指標に対して、5点から25点のウエイトづけをした後、集計した結果、1999年当時は、1位がソニー、2位が任天堂、3位がトヨタ自動車、4位が日清食品、5位がキヤノンであった。ランキングは多くの新聞をはじめとするメディアが様々な角度から行っており、その評価基準や尺度によってランキングは異なってくる。これは注4を参照しても理解できるであろう。
　ここで気がつくのは、ブランドというのは、決してファッションに結びつくものばかりではないということである。学生たちの多くは、ブランドという言葉から、ファッション・アイテムを想起するが、現実的には、服飾を扱う企業だけではなく、様々な業種の企業が自社ブランドの構築に心血を注いでいる。
　では、なぜ学生たちの多くが、すぐにブランドとファッションを結びつけるのだろうか。それは、海外の有名ブランド、たとえば、ルイ・ヴィトン、エルメス、シャネル、バーバリーなどが強力なブランド・マークをかかげて日本進出を果たしていること、また、DCブランド（designers and character brand）と呼ばれる、デザイナー固有のキャラクターを生かした商品がブームになったことなどの影響があると考えられる。
　石井（1999）は、ファッション・ブランドについて、「イッセイ・ミヤケ」を例にひいて、「ブランドには、目に見えるスタイルや素材には還元されないブランドのアイデンティティ（価値）が存在する」[注5]としている。デザイナーの個性がそのままブランドの価値を産むのである。そういう意味において、ファッションのブランド化はデザイナー個人の資質に負うところが大きいのであるが、ファッション以外のブランド構築には、クリエイター個人の魅力だけではなく、ブランドを築き上げるシステムが駆動することが必要である。そうでなければ、企業がブランドを掲げて存続していくことは不可

能である。

　このようないきさつから、身近な日常品としての服飾は、学生たちにブランドとファッションを結びつける役割をしていることは確かである。また、学生たちも、他者と自分を区別し、アイデンティティを手軽に表示できるものがブランドであることに気がついて、せっけん、ティッシュ、飲料、化粧品など、様々な商品にもブランド価値があることをあらためて発見するのである。

第2節 ステータス・システムとブランドに対する若者の志向

1．ブランドの位置づけ

　ブランドの位置づけは、どのような切り口から当該ブランドを眺めるかによって異なってくる。つまり、ステータス・システム[注6]と同様に、何を基準にして当該ブランドを分類するかによって、そのブランドが優位になったり不利になったりする。たとえば、もっとも一般的なブランドの切り口には、海外ブランド、高級ブランド、一流ブランドなどというものがある。海外とか高級という表現によって、ルイ・ヴィトン、グッチ、エルメス、フェラガモなど、世界的に有名なブランドがステータス・システムの構造上優位を独占し、上部構造を漏れた地域ブランドや無名ブランドは格下の地位に甘んじなければならない。

　また、若者にとって身近な大量生産ブランド、たとえば、ユニクロ、無印良品、GAPなどは、けっして高級ではないが、人気のあるブランドとして市場で確固とした地位を築いている。

　その他では、メーカーが有しているナショナル・ブランド、地域色のつよいローカル・ブランドという言い方もある。品質がおちるものをB級ブランドという言い方をする場合もある。また、リユースの古い鞄などはリサイクル・ブランドとも呼ぶこともある。さらに、近年は、プライベート・ブランドという呼び名も知られるようになった。これは、大規模小売企業の主導によるメーカーとの同盟や提携などによって生まれた流通ブランドのことで、

PBと略されることがある。プライベート・ブランドは、流通企業によって開発・所有・管理されており、販路は限定されている[注7]。

先にも述べたように、企業が自社製品のブランド化を志向するのは、他社製品との差別化を図ることができるからであるが、その呼ばれ方はこのように何通りもある。これらの様々なブランドに対する呼び方を図1-1に例示した。あくまで、ここではよく聞かれるブランドの呼び方を例に示しただけなので、これですべてが網羅されているわけではない。

ブランドが一部の海外の一流企業の製品にのみ付随するものではないことに注意しなければならない。

さて、一般的に「日本人はブランド志向がある」などと言われるが、正確に他国と比較した結果であるかどうかは疑わしい。もちろん、多くの海外有名ブランドが、競って日本に進出し、直営店舗をつくって売上げをのばしていたのは事実である。ルイ・ヴィトン、グッチ、エルメス、シャネル、フェラガモ以外にも、最近は、ミュウミュウ、コーチ、エトロをはじめ、日本ではまだ比較的なじみの薄いブランドも若い人々にアピールしている。新しいブランドの中には、素材はあまり丈夫ではない、安価なビニール製のものもある。また、価格面でも、消費者の買い替えを促すように安めに抑えたもの

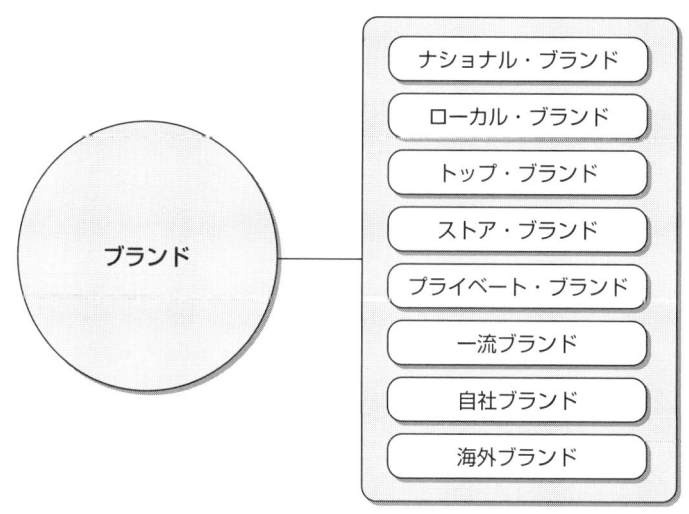

図1-1　様々なブランドの呼び方の一例（筆者作成）

もある。これは消費者に複数の鞄を所持してもらい、買い換えなどを通じて流行を取り入れてもらおうという戦略でもある。流行に応じるだけでなく、生活シーンや場面ごとに、バリエーションを提案することによって、シチュエーションに合致した同一ブランドを購入させるという戦略もある。当然、鞄や靴の種類は多くなる。この戦略の欠点は、売れ残りを出せば会社の負うリスクが大きくなることである。

　一方で、近年の消費者の気持ちとしては、よいブランドを長く愛用しようという傾向も出てきた。既製服を仕立て直す専用サロンの店舗をはじめ、カシミヤ製品などに対応するクリーニング店もあるという。また、靴の修理をする専門店も増えつつある。これらは「お直し」と俗に呼ばれるが、自分が気に入った洋服や靴を長く愛用しようという素朴な希望をかなえてくれる。本来、欧州の家具などは、100年単位で愛用されるものもあるから、そういう意味では、日本の消費者もブランドに対して、じっくりと腰をすえてつきあうことを学びだしたのかもしれない。あるいは「もったいない」という言葉が流行したが、使えるものを大切に使うという気持ちが若い人たちにも浸透してきたためかもしれない。

2．若者のブランド志向

　若者は本当にブランド志向なのであろうか。ブランド志向とは「自己の感性に合致したブランドを好むこと、またはそのようなブランドを求める気持ちがあること」をいう。また、ブランド志向のプロセスとは「(1)情報入手、(2)ブランド認知、(3)自己感性の確立、(4)ブランドの購入・使用・保持、(5)ブランド・ロイヤリティ（brand loyalty）の形成」であるといわれている[注9]。

　ブランドを好むということは、そのブランドに何らかのロイヤリティを感じているからである。たとえば、ストア・ロイヤリティ[注9]はある特定の店舗にたいする特別な思いである。ロイヤリティは、通常、日本語では忠誠心とか愛顧とかに表現できる。その店舗の品揃え、価格、品質、そしてサービスなどに対して、消費者が満足を感じ、引き続き贔屓にしていく気持ち、気分がストア・ロイヤリティである。

ここでは、男子大学生を例に考えてみる。

筆者は、1999年10月、関西圏の男子大学生を対象に、ブランドに関心があるか否かについての質問紙調査を実施した。対象の男子大学生は400名、回収率は56％（224名）であった。平均年齢は20.8歳で2回生、もしくは3回生が多かった。ここでは結果のみを簡単に紹介をする[注10]。なお、ランキングは5％以上回答があったものを掲載した。よって、ランキングが多い質問は回答がばらけたことを意味する。

(1) 男子大学生たちがブランドと聞いて想起する商品は、1位：ファッション、2位：自動車（オートバイを含める）、3位：パソコン、4位：携帯電話であった。

(2) ブランド志向があると認める者は、回答者全体（224名）中の約85％（191名）であった。ブランド志向を質問紙では、「こだわり」と称した。

(3) マイ・ブランドをもっているかどうかについては、約50％（112名）があると回答をした。

(4) ブランドを所持する意味や価値を尋ねたところ、以下の回答が多かった。
　　1位：自分自身が満足したいから。
　　2位：その商品あるいはブランドを非常に気に入っているから。
　　3位：ブランドを持つことによって自信につながるから。
　　4位：そのブランド商品がマイ・ブランドで、買い換える時にもそれを選ぶから。

(5) あなたにとってブランドとはどういうものかについては、以下のようになった。
　　1位：一生つきあうつもりである。
　　2位：流行を感じる。
　　3位：自分の価値も高められる気がする。
　　4位：こだわりの表現だと思う。
　　5位：自分そのものである。

(6) あなたはブランドに何を求めますかに対する回答は、以下のとおりであった。
　　1位：かっこう良さ、2位：かわらないコンセプト、3位：大人の魅力、4位：上品さ、5位：誰もが認める高級さ、6位：最先端の技術、

7位：その業界でのNo．1の地位、8位：裏切らない品質
（7）あなたはファッションに関するブランド選択をする時には、何を基準にしますか。
　　　1位：値段、2位：そのブランドの知名度、3位：自分に似合うか否か、4位：身分相応かどうか、5位：かっこう良いかどうか、6位：サイズ、7位：色、8位デザイン、9位：知られすぎているのはいやだ

　これらの（1）から（7）までの回答をみると、男子大学生は、ブランドに格好良さを求めてはいるが、いざ、自分が所持するとなると、現実的には値段やサイズが気になることがわかる。また、知名度の高さを求めている一方で、あまりに知られすぎているのはいやだという意見もある。これは、ブランドに対してナナメにむかいあっている形である。
　社会集団としての若者の特徴として、ナナメの関係（oblique relationship）が指摘されることがある。これは中根（1967）が、日本社会の集団において、「タテ」と「ヨコ」の関係を概念化したことからの発想である[注11]。笠原（1977）は、ナナメの関係を次のように説明している。

　「タテ関係にある成人を敬遠し、同年輩の友人（ヨコ関係）に対しても抵抗を感じている心理的不適応状態にある青年に対しては、叔父や叔母との関係のようなナナメの関係が中立性を保証し、接近しうる唯一の関係である。」[注12]

　これは、対人関係における傾向を表わすだけではなく、そのまま青年期にある大学生のブランドに対する態度の説明にもなっている。すなわち、海外の一流ブランドや有名ブランドはタテの関係、無印やユニクロなどのカジュアルブランドはヨコの関係、そしてミュウミュウ、コーチ、エトロ、23区などは、ナナメの関係に似ている。
　自動車に対する感じ方にも、同じような感覚があるらしい。大型ワゴン、あるいはベンツ、ボルボ、BMW、レクサスなどの高級車は、憧れではあっても、予算的には手がでない。これらはタテの関係である。現在、使用している中古車や小型車は、身の丈にはあっているが、同級生にもあまり自慢が

できない。足代わりに過ぎない。これはヨコの関係である。そこで、ナナメの関係にある車種は人とは少し違っている車種であり、そこには個人のこだわりがある。

つまり、タテは価値の序列が明確で、あこがれがつよい、ヨコは身の丈にあった普通の存在、そしてナナメはこだわりや個性を発揮できる範疇と言えよう。

そして、先の質問紙調査からも明らかなように、若者のブランド志向とは、世間での評価を確立したブランド（タテの関係）でもなく、所得や社会的立場に相応した身の丈ブランド（ヨコの関係）でもなく、他者と自分を差別化しうるカスタマイズ・ブランド（ナナメの関係）ではないかと考えられる。

では、若者が求めているカスタマイズ・ブランドを形成する要素とは何であろうか。図1-2で表わしてみた。

大きくは3つの要素に分かれている。1つ目は自分に似合うブランドを求めている。これは色、デザイン、サイズなど品物の特性である。特に洋服などはサイズが重要である。2つ目は自分が気に入っているブランドを求める。それは時代の空気である流行であり、その時代にあった格好良さである。格好良さというのは、その時代背景によって異なってくるから、何が格好良いということは明言できない。3つ目は自分をよりアピールできるブランドを求めている。いいかえれば、自分の良さを引き立ててくれるブランドを求めているのである。それは雑誌などが提案している現在の流行や生き方などに啓発された結果でもあるだろう。自分の個性を尊重しつつ、他人の目をも意識している。他者に認めてもらうために、他者に自分をアピールしたい反面、皆と同じ没個性は断じて許せないという若者のブランド志向が見てとれる。

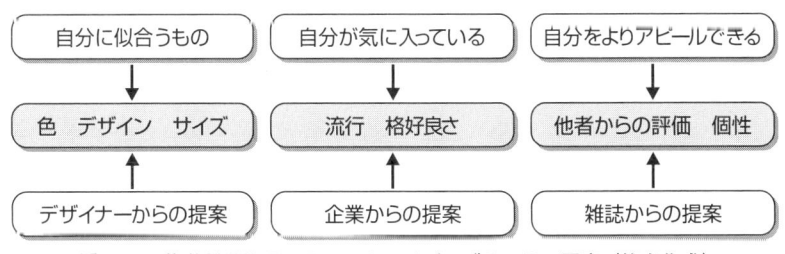

図1-2　若者が求めているカスタマイズ・ブランドの要素（筆者作成）

第3節 ブランド・イメージの形成とそれに関する情報源

　印象とイメージとはどう異なるのか、という疑問を聞くことがある。印象は「①強く感じて心に残ったもの。感銘。"－が強い"②対象が人間の精神に与えるすべて効果」とある[注13]。それに対して、イメージは「①心の中に思い浮かべる像。心像（しんぞう）。②姿。形象。映像」とある。たとえばイメージは、「イメージアップ」「イメージダウン」という使い方をする。イメージアップは「他人に与える印象や世間の評判が良くなること」[注14]である。また、イメージダウンは「他人に与える印象や世間の評判が悪くなること」である。印象はこのようにアップしたりダウンしたりすることはない。印象は瞬時のインパクトに近いからである。

　では、ブランド・イメージとは何か。それは、あるブランドに対する世間の評判や、ブランドを有するメーカーからの情報をもとに、各自が心の中に思い浮かべる像である。ブランドを形成する情報とは、従来のメディアを駆使するものもあれば、口コミのように、人間そのものを媒体とするものもある。たとえば、テレビCM、インターネットのホームページ、電車の吊り広告、新聞や雑誌、街角のビルボードや配布チラシなどが代表的である。また、店頭のディスプレイや試着もブランド・イメージの形成に寄与する。さらに、最近ではブログが大きな力をもつようになった。

　当然ながら、ブランドを有する企業が行うイメージ形成は、消費者に対する自社のイメージをアップするために行われる。自社商品の良さを伝え、欠点を補って余りあるブランド・イメージを形成しようとする。しかし、ブランドに対する情報を、受け取る側の消費者がいつも正しく受け止めているとは限らない。したがって、企業にとって、消費者との間の良好なコミュニケーションが課題となる。

　従来の多くの企業は、テレビコマーシャル（以後、テレビCMと略す）などで自社製品の良さをアピールしてきた。テレビは、多くの消費者をターゲ

ットに、広く自社製品をアピールできる。テレビCMを駆使して、商品の機能や価格、他社商品との違いをアピールし、ひいては企業のイメージをアップさせようとしてきたのである。しかし、現在、若い世代を中心に、テレビの視聴時間は短縮傾向にある。かつて「ゴールデンタイム」と呼ばれた時間帯にも、多くの若者はテレビを見ていない。むしろ、深夜番組に若者の視聴時間はシフトしているようである。これは多くの大学生たちが、アルバイトをして帰宅する時間が遅くなっていることにもよるし、彼らが単発のドラマをあまり見なくなったことにも原因がある。また、インターネットでの検索やブログの登場も、テレビの視聴時間を減らす原因のひとつである。最近では、「携帯小説」が若者の間に流布して、ますます若い世代のテレビ離れは加速しているといえるだろう。

　テレビCMが、このようにあまり見てもらえないとすれば、若い世代はどこから商品情報を得ているのか。ミクシィやブログといったネット情報からばかりではないはずである。考えられる媒体は雑誌である。それも専門雑誌からの得る情報が多い。次には口コミである。口コミは裏付けの乏しい風評であっても、親しい友人やその道の権威からの聞き伝えには信憑性を見出す若者が多い。以下参考までに、表1-1に大学生の情報源を上げておく。これは2005年11月に大阪府茨木市に立地する私立大学（共学）経営学部100名（男子68名・女子32名）を対象に筆者が調査をした結果である。

　表1-1からわかることは、一般的な情報に関しても、ブランドに対する情報に関しても、大学生の情報源には、あまり変化が見られないということであった。表1-1をまとめなおして、表1-2に示した。ここからは、雑誌からの情報量の多さと、口コミおよびインターネットからの情報量の多さを確認することができる。

　また、大学生たちは、身近な親や教員、新聞折り込みやチラシ、ラジオなどからは、一般的な情報も、ブランドに関する情報も、得ようとは思っていないことが明らかになった。ブランドに関する知識は専門雑誌かインターネットから、そして一般的な知識も雑誌やインターネットで検索している。また、口コミでは、親しい友人からのものに信頼をおいていることがわかった。

　口コミについては、企業も新しいメディアとして着目しているネットワー

表1-1　大学生の情報源

① あなたは1日にどれくらいの時間、テレビを見ますか？平均でお答え下さい。

- 見ない……………………………………………………………11%
- 30分未満…………………………………………………………36%
- 30分以上60分未満………………………………………………31%
- 60分以上120分未満……………………………………………14%
- 120分以上………………………………………………………… 8%

② あなたは新しい商品（流行）などの情報を何によって知りますか？（複数回答有）

- 一般雑誌（JJ、カジカジなどファッション誌を含む）…………38%
- 専門雑誌（音楽、オートバイ、パソコンなど趣味を含む）………32%
- 親しい友人からの口コミ…………………………………………67%
- 街角のポスターや看板から………………………………………10%
- 親や教員から聞いた話…………………………………………… 3%
- インターネットで検索……………………………………………62%
- 兄弟（姉妹）からの話……………………………………………36%
- 店のディスプレイや店頭販売員などの説明から………………32%
- 新聞折り込みやチラシなどから………………………………… 9%
- テレビCMから……………………………………………………12%
- ラジオから………………………………………………………… 2%

③ あなたはブランドに関する新しい商品（流行）などの情報を何によって知りますか？（複数回答有）

- 一般雑誌（JJ、カジカジなどファッション誌を含む）…………48%
- 専門雑誌（音楽、オートバイ、パソコンなど趣味を含む）………72%
- 親しい友人からの口コミ…………………………………………52%
- 街角のポスターや看板から……………………………………… 5%
- 親や教員から聞いた話…………………………………………… 2%
- インターネットで検索……………………………………………64%
- 兄弟（姉妹）からの話……………………………………………30%
- 店のディスプレイや店頭販売員などの説明から………………62%
- 新聞折り込みやチラシなどから………………………………… 3%
- テレビCMから……………………………………………………14%
- ラジオから………………………………………………………… 2%

（著者作成）

表1-2　大学生の情報源（まとめ）

情報源	一般的な情報	ブランド
一般雑誌（JJ、カジカジなどファッション誌を含む）	38%	48%
専門雑誌（音楽、オートバイ、パソコンなど趣味を含む）	32%	72%
親しい友人からの口コミ	67%	52%
インターネット検索	62%	64%
兄弟（姉妹）からの話	36%	30%
店のディスプレイや店頭販売員などの説明	32%	62%

（著者作成）

クである。最近は、企業から発信される情報よりも、口コミの一種であるブログなどの掲載情報を参考にして、物品の購入を決定している大学生も多い。また、専門家の意見はそれはそれとして参考にするが、おいしい店やお気に入りの店などは、ブログやミクシィでの情報を重視する。大学生たちにとって、ブログを含む口コミは、いつでも自由な時間にアクセスできる重要な情報源である。大学生たちは、わずらわしい手続きは嫌いであるが、便利なものや、活用しやすいものは上手に使うすべを知っている。

　では、大学生たちの情報の伝播はどうなっているのであろうか。

　情報の伝播については、ドイツの社会学者のジンメル（G. Simmel）がトリクル・ダウン・セオリーを用いて説明をしている[注15]。流行は最先端の情報である。ジンメルによると、近代以前の流行は王族からはじまり、貴族、大富豪、市民そして貧民に流れ着いて終息する。これを図1-3に示した。このジンメルの理論は、現在の流行にも適用できる面がある。現代でも流行は19世紀のドイツと同様に、階層間を移動していくのである。日本の場合は、カリスマとその取り巻き（ファン）がはじめ、やがて流行に敏感な若者がいち早くそれをまとい、普通の若者、中年、主婦、高齢者という流れで伝播していく。従来は、年齢の低きから高きにという流れがあった。しかし、最近においては、団塊の世代からの情報発信が若い世代に受け入れられたり、従来のように、「流行は若者からはじまる」とは言い切れなくなっている。

　また、階層間の流れだりではなく、同一階層の中でも、早く情報をキャッ

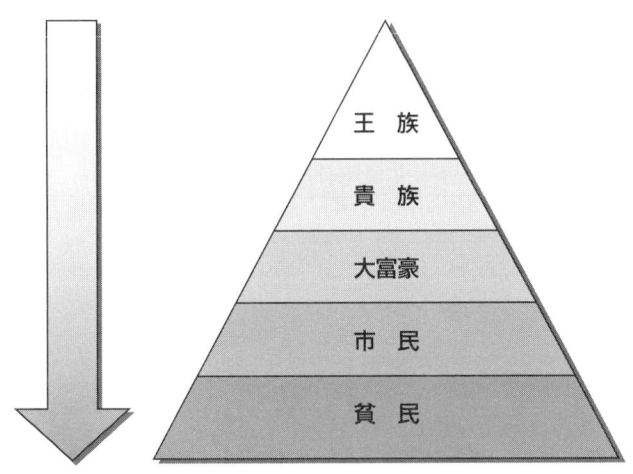

図1-3 ジンメルのトリクル・ダウン・セオリー（著者作成）

チする者と、比較的にゆっくり情報のキャッチをする者とがいる。

つまり、情報の流れには階層間と階層内の2つが存在するのである。タテに流れる階層間については、図1-3のジンメルの「トリクル・ダウン・セオリー」のように、パワー関係がそのまま階層をつくっている。パワーは経済的なパワーも含んでいる。

第4節 こだわりと若者

学生たちに「何かこだわりがあるか」と質問をすると、多くの学生たちが自分のこだわりについて回答をしてくる。たとえば、男子大学生たちは、「自動車」「オートバイ」「時計」「文具」などの回答が多く、女子大学生たちは「化粧品」「衣服」「アクセサリー」「鞄」「靴」などの回答が多い。これは2000年に大学生300名を対象に調査した結果とほとんど差はなかった。

そして多くはブランドと直結している。たとえば女子大学生の場合、化粧品はブランド（メーカー）を決めている場合が多い。化粧品の場合、肌にあう、あわないという基礎化粧品の部分は、生理的なものと結びついているが、

自分はこのブランドを使用しているという意識がつよい。よって、他のブランドの商品は使用しない。

　現代の経営において、価値を生み出すリソースとしては、「ヒト」「モノ」「カネ」「情報」が挙げられる。なかでも、「情報」は、「ヒト」や「モノ」に勝るとも劣らない。そして、「情報」は、「技術」「ノウハウ」「ブランド」「組織文化」「企業風土」など、さらに細かく下位項目に分けることができる。

　若者のモノにたいするこだわりは、企業の経営資源の中の「情報」に対する吸着と考えてもよい。ある場合は、その商品に込められた「技術」であり、またある場合は「ノウハウ」である。また、「ブランド」に対するこだわりの最たるものは、ファッションアイテムである。「組織文化」あるいは「企業風土」は、地域ブランドに対するこだわりに結びつきやすい要因であるから、京ブランドへのこだわりはここに含まれる。このように、こだわりの多くは情報的な経営資源と結びついているのである。

　最近はブログが盛んである。たとえば、書評にしてもブログを参考に購入することが日常化している。ブログは、当然、ページを開設する個人の意見、あるいは考え方を披露しているのだが、そのブロガーが名だたるグルメであったり、有名なゲーマーであったりすると、彼（彼女）のマニアックなこだわりが高く評価されることもある。若者だけではなく、何かに「こだわり」を持つことは、どのような年代層にもあてはまり、評価にも結びつく。

　では、なぜ、こだわりとブランドが結びつくのだろうか。そのことをいくつか例を挙げて考えてみたい。

　従来、人々がこだわりを持って選別し購入する物品の多くは、前述したように、パソコンや自動車など、特定の企業の技術やノウハウが込められたもの、あるいは、ファッションアイテムのように、ブランド価値のあるものが多かった。一方、こだわらずに気軽に買えることが常態化されていたものは、いわゆる日用品の類である。たとえば、トイレットペーパー、あぶらとり紙、タオル、ハンカチ、ティッシュペーパーなど、"百均"（主な商品が100円で購入できる店）で販売されているような種類の商品である。

　ところが、近年、"こだわり"の範囲は、一部の嗜好品や高級品にとどまらなくなってきた。すなわち、安価な日用品にも"こだわり"を持つ若者や

主婦が増加しつつある。たとえば、タオル、ハンカチ、入浴剤、トイレットペーパー、ティッシュに関して、「あなたのこだわりの品を教えてください」という聞き取り調査を、若年層を対象に実施したところ、次のような結果を得た（2007年8月1日関西圏にある私立大学で実施をした）。

◎タオル（20歳、私立大学、2回生女子）
‥‥タオルはあるブランドのタオルしか最近は使用していません。そこのはオーガニックコットンで安心だからです。毎日、顔をふいたりするので、肌に優しいものを購入しようと思っています。

◎ハンカチ（19歳、私立大学、2回生女子）
‥‥ハンカチはブランドもの以外は使用しません。キャラクターのはかわいらしすぎて、ちょっと使いにくいし、いかにも百均というのは下品な気がして使えません。大判でバーバリーが一番のお気に入りです。

◎入浴剤（19歳、私立大学、2回生女子）
‥‥あるブランドのものしか使用しません。肌にあわないとイヤだからです。どこどこの温泉の成分とか表示がありますが、どうもうさんくさい気がして。それよりも化粧品メーカーの販売している方が成分もしっかりしていそうで安心です。

◎トイレットペーパー（21歳、共学、4回生女子）
‥‥少し前までは何でも気にせずに使用していましたが、最近は二重ロールで、しかも色は白でメーカーも決めています。毎日使用するものですから、きちんとしたものを使いたいと最近特に思っています。きっと、世の中で、主に食問題ですが、危険なものが多すぎて、身の回りのものでもちょっとこわいなと思いはじめているからだと思います。

◎ティッシュペーパー（20歳、共学、3回生女子）
‥‥今までは駅で配布されているものも、もらって平気で使用していましたが、あるメーカーのものだけを今は使用しています。ティッシュケースに入れていつも持っていますから、ダイレクトにメーカー

がどこかというのは他人にはわかりません。ささやかな自分のこだわりです。

インタビューにもあるように、従来はこだわらなかった商品も、安全あるいは安心というキーワードによって、若者の間にはこだわりが出てきている。もちろん、これは若者だけの傾向ではないかもしれない。しかし、若者の意識が変化しつつあることは事実である。

また、ブランドに対する考え方も従来の考え方とは異なってきた面も見受けられる。1998年から2001年あたりでは、「ブランドバッグを持つのはなぜか」という質問の回答には、必ず、「他者（多くは友人）に自慢できるから」という理由が挙げられていた[注16]。ところが、最近は、他者に自慢するのではなく、自分自身が納得できる、あるいは自己満足だという意見が多くなった。さらに、若者には見られなかった、ブランドであれば信頼できる、安心できるという傾向が強まってきている。

学生たちの多くは「京都にはこだわりがある」と言う。彼らが感じている京都のこだわりを解明するために、後章では、地域ブランドについても考えてみる。

☆―注釈
1) 日本マーケティング・リサーチ協会1995年のブランドの定義は本文のとおりである。ブランドに関しては、入門書として以下の2冊が筆者のおすすめである。石井淳蔵『ブランド―価値の創造―』岩波新書、1999年、小川孔輔『ブランド戦略の実際』日経文庫、1994年。
2) 小川孔輔『ブランド戦略の実際』日経文庫、1994年。ここから本文は引用をした。
3) 法律的な側面から商標には「出所表示」「品質保証」「宣伝広告」の3つの役割があるという。この出典は網野誠『商標　第3版』有斐閣である。また、小川孔輔は著書の『ブランド戦略の実際』p.109から以下のように述べている。「出所表示機能は、商品やサービスの提供者をシンボルマークによって表示するはたらき」「品質保証機能は、同じトレードマークのついた商品やサービスは、同じ品質をもっていることを消費者に保証する役目」「宣伝広告機能は、商品やサービスを消費者に印象づけ、購買意欲を刺激するコミュニケーション」である。つまり、これらの機能は企業からの消費者

へのメッセージである。しかも、より正確に、消費者に商品を理解してもらうためのメッセージである。この積み重ねた歴史がやがて消費者からの信頼を得ることになるのである。

4) 陶山計介・梅本春夫『日本型ブランド優位戦略』ダイヤモンド社、2000年、p.72から引用した。なお、この他にも、ブランドのランキングについては、新聞などにも時々特集がなされている。ここでは例として石井淳蔵『ブランド―価値の創造―』岩波書店、1999年、p.6に掲載された日経流通新聞（1997年9月6日）の一部（10位まで）を紹介する。

順位	ブランド	発売年度
1	アタック（衣料洗剤：花王）	1987
2	クリネックス（ティッシュペーパー：十条キンバリー）	1964
3	カップヌードル（カップ麺：日清食品）	1971
4	ウィスパー（生理用品：P＆G）	1986
5	アサヒスーパードライ（ビール：アサヒビール）	1987
6	パブロン（風邪薬：大正製薬）	1927
7	ハンディカム（ビデオカメラ：ソニー）	1985
8	明治ミルクチョコレート（チョコレート：明治製菓）	1926
9	メリット（シャンプー：花王）	1970
10	キリンラガービール（ビール：麒麟麦酒）	1988

5) 石井淳蔵『ブランド―価値の創造―』岩波新書、1999年のp.84から引用した。
6) 占部都美編『経営学辞典』中央経済社、1980年、p.364から引用した。さらに以下のように説明されている。「1つの社会、組織や集団に内部における各人の社会的地位をステータスといい、ステータスの構造的関係をステータス・システムという。各人のステータスは、権限と責任、処遇条件や衿持（prestige）によって決められてくる。ブランドは、たとえば鞄でも洋服でも、そのカテゴリーの中において位置づけがある。これはステータスと同じように、そのブランドがいつ日本に紹介されたのか、あるいは、いつ作られたのかという歴史的な背景も考慮されるし、売上高も考慮される。また、そのブランドを指示してくれている顧客層（年齢や職業など）も考慮されるのである。」
7) プライベート・ブランド政策とは、「製造業者のナショナル・ブランドにたいし、大規模小売業者など流通業者の力が増大するとともに、製造業者にかわって、生産をも系列化氏、自主的なマーケティング活動を試みようとする動きがでてきた。流通業者が、製造業者と同様に、自らのブランドを開発し、それによって市場を支配しようとする政策をプライベート・ブランド政策という」（『経営学辞典』占部都美編、中央経済社、1980年、p.553）より引用。
8) 久世敏雄・斎藤耕二監修『青年心理学事典』福村出版、2000年、p.312から引用した。若者のブランド志向については、以前からたびたび指摘されることであり、最近の傾

向というわけではない。若者とひとくくりにしているが、若者の中にもまったく、ブランドや流行に興味がない者もいる。ブランド志向とよくにた現象に若者のこだわりがある。本文で説明があるが、「こだわり」は個々の趣味や興味の範疇である。この趣味や興味の範疇から「オタク」や「マイ・ブランド」という状態が生じてきている。

9) ストア・ロイヤルティとは「店舗（ストア）の提供する品揃え、価格、品質やサービスなどの誘因にたいして消費者が満足し、その店舗での購買の満足が学習によって強化され、購買決定においてつねにその特定の店舗を選ぶ消費者の購買行動をストア・ロイヤルティという」と定義されている。この場合のストアは、専門店のみをさしているわけではなく、その消費者が気に入った店という意味である。

10) 辻幸恵・田中健一『流行とブランド―男子大学生の流行分析とブランド視点―』白桃書房、2004年から引用。男子大学生の流行分析で補足しておくと、以下のような特徴がみられた。自動車やオートバイへのこだわり方とファッションのこだわり方を比較してわかったことがある。それはどちらも「気に入る」ことが第1条件ではある。次に、機能性のこだわりがつよいものは自動車やオートバイに、流行性のつよいものはファッションになるのだが、アイシャワーに関しては、両者ともにつよくなった。つまり、自分が「気に入る」と同時に他人の目も気になって、できれば「他人」からも認められたいと思っているのである。なお、アイシャワーとは、他人の目という意味で、他人からどのように見られているかという意味のことである。

11) 中根千枝『タテ社会の人間関係―単一社会の理論―』講談社現代新書の1967年1刷、2003年107刷。

12) 久世敏雄・斎藤耕二監修『青年心理学事典』福村出版、2000年、p.256引用。ナナメの関係とは、直接的ではないという意味がある。以前は若者があたりさわりのない関係を好むことをこのように言ったこともあった。当然、真正面からのぶつかりあいよりも少し距離をおいて接したがる若者の一面をあらわしていることは事実である。しかしながら、携帯電話、携帯メールなど、相手の顔が見えない状況であっても、着信をすることによって、ナナメであったはずの距離感が一方では直線に近くなっていることも事実である。

13) 『広辞苑』p.183より引用。印象は「①強く感じて心に残ったもの。感銘。「―が強い」②対象が人間の精神に与えるすべて効果。」とあるが、ぱっと短時間で見た記憶だとも考えられる。閃光のようなものである。じっくりとはいかない。だから情報としては正確であるかどうかは定かではない。よく日常的に第一印象という言葉を使う。これは、最初の印象であり、その後変化することかよくある。

14) 『広辞苑』p.167より引用。イメージは「①心の中に思い浮かべる像。心像（しんぞう）。②姿。形象。映像」とある。このように、心の中に蓄積された情報からつくりだされた像なのである。蓄積されている間に、本来のモノとは変質してしまうことがある。しかしながら、良い方に変質しても、悪い方に変質しても、そこにはその個人の価値観が反映されているのである。

15) トリクル・ダウン・セオリーとはドイツの社会学者であるジンメルが提唱した理論である。日本では滴下理論と訳されている。これは、上位の階層の流行情報が1つ下の

階層へと流れているという説明である。そして最後には最下層の人々まで伝播して、そこで流行が終わるということである。この理論はファッションの伝播を説明するときにもよく使われている。また、伝播という側面から情報の流れとしての理論としても認められている。これとは、逆に下から上への階層への流れとして、例示されるのは音楽でいえばラップと呼ばれるジャンルである。これは黒人の日々のうっぷんや不満を歌詞にし、それを音にのせて表現する音楽である。日本でも多くのラップを歌うグループがあるが、日本での歌詞は、過激なものは少ない。ラップは若者に受け入れられているが、音楽はもとより、主にファッションがより多くの若者に受け入れられている。

16) 辻幸恵『流行と日本人―若者の購買行動とファッションマーケティング―』白桃書房、2001年参照。第9章「大学生の流行とこだわり」で大学生のこだわりのある商品を紹介している。

◎―参考文献

網野誠『商標』第3版、有斐閣、1996年。
石井淳蔵『ブランド―価値の創造―』岩波新書、1999年。
小川孔子輔『ブランド戦略の実際』日経文庫、1994年。
風間建『消費者経済学』文教出版、1986年。
金田数正『経営戦略のための経営科学』内田老鶴圃、1992年。
久世敏雄・斉藤耕二監修『青年心理学事典』福村出版、2000年。
陶山計介・梅本春夫『日本型ブランド優位戦略』ダイヤモンド社、2000年。
陶山計介・姉尾俊之『大阪ブランド・ルネッサンス』ミネルヴァ書房、2006年。
田中道雄・田村公一編『現代のマーケティング』中央経済社、2007年。
辻幸恵・田中健一『流行とブランド―男子大学生の流行分析とブランド視点―』白桃書房、2004年。
辻幸恵『流行と日本人―若者の購買行動とファッションマーケティング―』白桃書房、2001年。
中根千枝『タテ社会の人間関係―単一社会の理論―』講談社現代新書、1967年。

経営戦略と循環型社会

第1節 経営戦略の定義

　ブランド品には、経営戦略の中のひとつであるブランド戦略によって、消費者の手にわたるまでの流れがある。戦略的に物事をすすめるのは、企業だけではない。たとえば、京都市は戦略的に商業計画をしている。平成10年に策定された「商業振興ビジョン」では、「華やかな都市のにぎわい」を創出していくことを謳っている。経営戦略は、営利を追求する企業だけのものではなく、都市の活性化や再生を目した官公庁のマネジメントにも応用できるのである。

　本章では、前半はブランド戦略のもとである経営戦略について述べる。それは企業の営みを知る糸口になるからである。ブランドは企業がつくりあげた製品であり、製品に付随するイメージであり、そしてひいては企業のイメージやシンボルである。よって、企業を知るためにかれらが用いる戦略について少しふれておく。後半は、現在の環境について述べる。これからは循環型社会をつくりあげるべきだという説もある。また、ブランドの世界でもリユース商品、俗にいうリサイクルブランドが若者の間にも普及するようになった。そこで、リサイクルブランドを受け入れる社会である循環型社会についてふれておく。この2つにふれることによって、メーカーの思いと、それを受け入れる社会の仕組みが理解できると考えたからである。そして、特に後半には大学生の意識調査もしているが、そこでの意識が、現在の京都の人気につながっているのではないかと筆者は感じている。

　それでは、最初に、経営戦略の定義を明確にしておきたい。経営戦略（business strategy）とは、簡単に言えば、企業などの組織が、その目的を達成するために講じる手段の意味である。計画的に組織の内部、外部を統率し、経営活動を円滑に行うための見取り図である。チャンドラー（A.Chandler）は、企業の経営戦略を次のように定義している。

「企業の長期的目的および目標の決定、これらの目標を実行するために必要な活動方向と資源配分」注1)である。

つまり、企業の経営戦略とは、組織の外部と内部との釣り合いをいかに保つか、外部環境にいかに適応しながら計画的に市場を確保していくのか、ということである。経営戦略は、いずれも実行するための青写真である。実際には、計画通り着手し、展開し、折に触れ微調整や軌道修正をほどこしながらすすめている。一連の流れが済めば、その成果が問われることになる。図2-1に経営戦略の実施の流れを示した。

経営戦略には、様々な種類がある。たとえば、製品を市場に送り込むために、常に製品の質を向上させたり、新製品を提案したりしなければならない。これらは「製品開発戦略」である。また、市場に自社製品のポジションを獲得し、安定的な収益を獲得するには、製品を消費者に認知させるための「市場浸透戦略」が必要になる。さらに、画期的な新製品で、あらたな市場を求める時には、「市場開発戦略」が必要になる。

このような様々な経営戦略は、大きく8つに分けることができる。

1つ目は、製品を中心に据えた戦略である。たとえば、新製品導入戦略、モデルチェンジ戦略、製品ミックス戦略、ブランド戦略、パッケージ戦略等である。

2つ目は、物流を中心とした戦略になる。たとえば、輸送戦略、物流センター戦略、在庫戦略、梱包戦略、返品戦略、物流情報戦略等である。

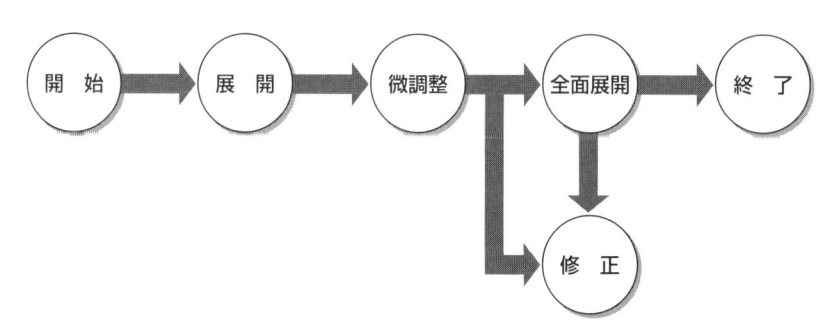

図2-1 経営戦略の実施プロセス

出典：三家英治『図解事典　経営戦略の基礎知識』ダイヤモンド社、1996年、p.151「図3経営戦略の実施プロセス」引用

3つ目は、ITを中心とした情報戦略である。たとえば、インターネット活用戦略、ブログ活用の口コミ戦略等である。

　4つ目は、経路（チャネル）戦略である。たとえば、ルート戦略、販社戦略[注2)]、代理店戦略、フランチャイズ戦略等である。

　5つ目は、プロモーション戦略である。たとえば、広告戦略、販売促進戦略、パブリシティ戦略[注3)]等である。

　6つ目は、サービス戦略である。たとえば、アフターサービス戦略、インサービス戦略等である。

　7つ目は、営業戦略である。テリトリー戦略、展示会戦略、営業情報戦略、営業マンの管理戦略等である。

　8つ目は、価格戦略である。価格設定戦略、リベート戦略、クーポン戦略、ディスカウント戦略等である。

　これらの戦略は総合して「マーケティング・ミックス」とも呼ばれている。戦略を立てるためには、内部の力を知らなければならない。内部の力とは、企業の経営能力のことである。経営能力の基本要素を、主に4つの視点からまとめたものが図2-2である。

　まず、「経営資源」には、資金、資金量、設備、売上高、社員数などが含まれる。いわば数字であらわすことのできる企業の財産である。

　つぎに、「経営ノウハウ」には、生産ノウハウ、販売ルート、営業力、商品企画力、人材活用、人脈などが含まれる。これらも数字で示すことが可能

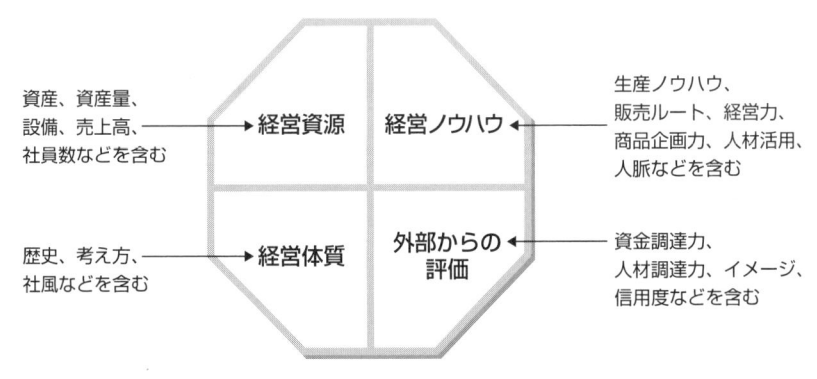

図2-2　経営力の基本要素

出典：三家英治『図解事典　経営戦略の基礎知識』ダイヤモンド社、1996年、p.7「図3経営力の基本要素」引用

であるが、人材活用や人脈というような数字ではなかなか表しきれないものも含んでいる。

3つ目に、「外部からの評価」。これは資金調達力、人材調達力、イメージ、信用度などを指す。この中のイメージや信用度などは、ブランド戦略に通じる部分である。

4つ目の「経営体質」とは、歴史、考え方、社風などのことである。企業の体質が、最近では、世間で話題になることが多い。企業ぐるみでの賞味期限の改ざんなどの事件の根本には、企業体質の問題があると言われている。特に、消費者を欺く行為を何年にもわたって繰り返し行ってきて恥じることのない感覚は、長年の悪しき体質以外の何ものでもない。

第2節　経営環境と経営システム

どのような土地にも、現在に至るまで積み上げられてきた歴史がある。とくに、京都は、長い間、政治・経済の中心地であったために、過去からの有形無形の遺産は数多い。外に向けては、かつては一国の首都であった相貌をもち、また、内に向けては、流行の最先端、先進技術の集積地、新しいカルチャー創出の場として機能してきた。そうした歴史が、京都の今をかたち作っている。

都市と同様、企業においても、外部環境と内部環境の2つが、その企業のDNAを形成する大きな要素である。企業における外部環境とは、政治や経済の状況、文化や国民性、自然環境、消費者環境等を指す。企業が発展し、存続していくためには、外部環境の中でどのようなポジショニングをするのか、という自社の位置づけが大事である。政治や経済の状況や消費者環境からは、企業に対して、規制や市場原理やクレームという形をとって、さまざまな働き掛けがある。こうした働きかけに対して、企業は的確に対応し、新製品を提案したり、ニーズに応えたりする努力をする。とくに、消費者からの要望は、消費者ニーズとも言われ、商品開発やサービスの指針となる。消

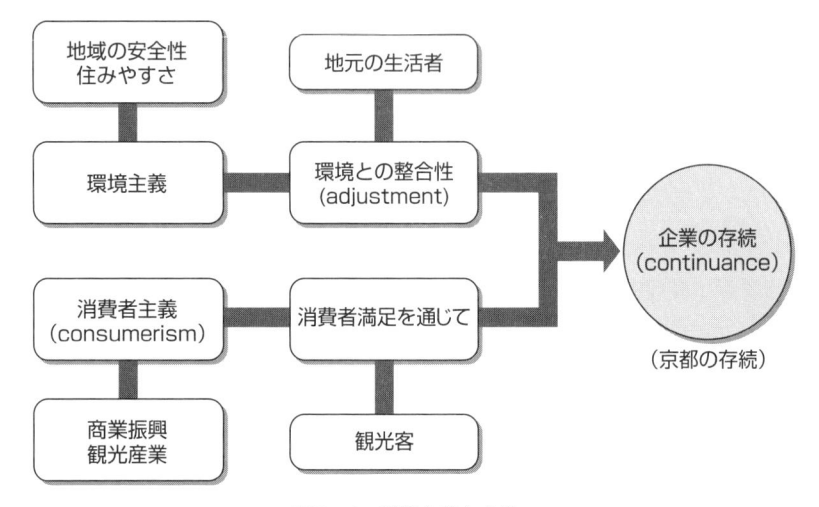

図2-3 環境主義と企業
出典:三家英治『図解事典 経営戦略の基礎知識』ダイヤモンド社、1996年、p.114図2、「環境主義とは」に筆者加筆

費者ニーズに即応できた企業は、顧客満足を充足し、経営基盤を固めることができる。外部環境と内部環境について述べたが、ここで最近の環境主義と企業の存続についての関係について述べる。それらを図2-3に示した。

なお一般的に環境主義とは、企業と環境との整合性を重視する考え方のことである。それを具現化させる例として「エコ・システム」がある。

「エコ・システム」は企業が営利追求と環境保全を両立させていくシステムということである。たとえば、サントリーは「水と共に生きる」企業を標榜し、消費者に認知されつつある。

図2-3に、「消費者主義」という言葉がある。消費者の満足を企業活動の最優先事項とする考え方のことだが、最近は満足だけではなく、消費者の啓蒙や、消費者のライフスタイルへの提案なども含められている。この環境主義と消費者主義は最近の社会の中では重要な概念になりつつある。たとえば、京都の景観法などは、まさに京都の自然に配慮した環境主義の例である。また、京都を訪れる観光客を消費者ととらえるならば、街中にゴミを捨てるようなことを禁止し、文化財を楽しむことを奨励するのは、消費者の満足をこえた啓蒙やライフスタイルへの提案とも言えよう。

環境志向は、生活そのものを考える上でも必要であるからこそ、生まれて

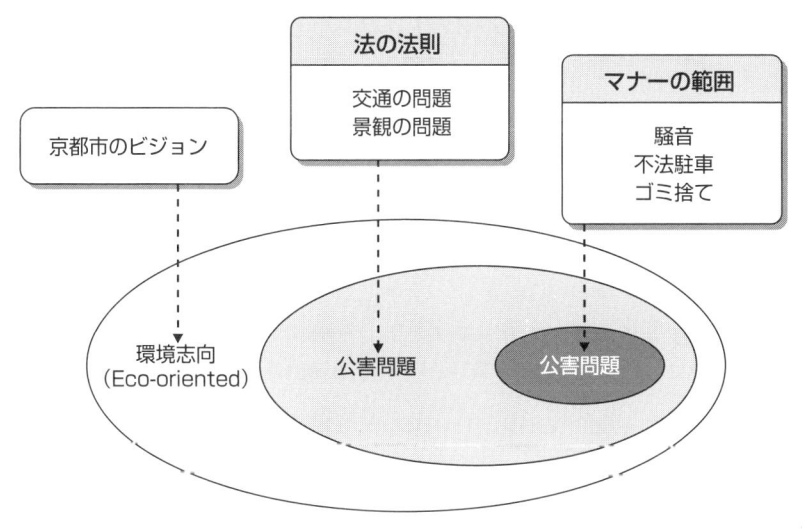

図2-4　環境志向と環境問題
出典：三家英治『図解事典　経営戦略の基礎知識』ダイヤモンド社、1996年、
p.115図4「環境志向と環境問題と公害問題の位置づけ」に筆者加筆

きたのである。

　三家は「公害問題は環境問題の一部であり、環境問題は環境志向の一部である」と述べている。この環境志向から、最近は、環境学や経済学方面だけではなく、消費者の認識として「循環型社会」ということも大きくクローズアップされている（図2-4）。

第3節　循環型社会の概要

1．循環型社会の意味

　「循環型経済社会」あるいは「循環型社会」という言葉自体は、すでに目新しい言葉ではない。これらの言葉が入ったタイトルの書籍も1990年代からは数多く出版されている。もともと「循環」とは「めぐりめぐって、また元にかえり、それを繰り返すこと」という意味がある（『広辞苑』p.1162）。ここから循環型社会というと、資源を無駄なく活用する社会、あるいは、技

術を用いて資源をリサイクルさせたり、リユースしたりする社会というイメージが生じてくる。もちろんこれらのイメージは間違いではない。しかし、イメージだけではなく、具体的にどのような社会なのか、と言われるとなかなか答えにくいものである。

　平成12年6月2日に公布された「循環型社会形成推進基本法」の2条1項には、循環型社会が次のように定義されている。すなわち、循環型社会とは、

「製品等が廃棄物等となることが抑制され、並びに製品等が循環資源となった場合においてはこれについて適正に循環的な利用が行われることが促進され、および循環的な利用が行われない循環資源については適正な処分が確保され、もって天然資源の消費を抑制し、環境への負荷ができる限り低減される社会をいう」[注4]（井上、2003、p.31引用）。

　法律面でも、リサイクル法やリサイクル関連法の成立によって、循環型社会に関する法的な解釈も同時にすすみつつある（井上、2003）。たとえば、経済発展の中で、廃棄物のリデュースと、従来ゴミとみなされてきた有価資源のリサイクルが必要となり、「循環型社会形成推進基本法」が制定された。また、「改正廃棄物処理法」「資源有効利用促進法」「建設リサイクル法」「食品リサイクル法」「グリーン購入法」「容器包装リサイクル法」「家電リサイクル法」などが成立した。これらの法律は循環型社会を形成するために、必要不可欠な法律である。

　なお、クリーン・ジャパン・センターなどは、循環型社会のキーワードとして3つのRを挙げている。それらは「リデュース reduce：発生抑制」、「リユース reuse：再使用」「リサイクル recycle：再生利用」である[注5]。この3つのキーワードの中でいちばんなじみがある言葉は、おそらくは「リサイクル」であろう。小学校の教科書にも「リサイクル」という言葉が説明されているし、街中の看板や広告チラシにも登場している言葉である。

2．循環型社会に関する先行研究

　循環型社会に関する研究や報告にも、多くの切り口がある。たとえば、速

報的なルポルタージュとしては、高杉が著書の中で循環型社会に向けた様々な取り組みを紹介している。彼はそこで河川の自然環境を取り戻した実例や、バクテリア培養で土壌を作り直す挑戦などを取材している（高杉、2001）。高杉は、この本以外にも北九州での取材をまとめ、都市計画との関連についても論じている（高杉、1999）。先に紹介したクリーン・ジャパン・センターはリサイクルに関連するデータや法制度について、報告と解説をしている（クリーン・ジャパン・センター、2002）。また、循環経済ビジョンとしての報告として、通商産業省の通商産業省の産業構造審議会地球環境部会、廃棄物・リサイクル部会合同基本問題小委員会のまとまった報告がある（通商産業省環境立地局、2000）。これらの環境ビジョンに伴い、具体的な街づくりへの指針として、循環型社会での地域経営の方向性を示している研究もある（平野、2000）。地域ではなく、具体的な産業としては、資源環境型畜産の実践例を紹介し、その意義や経営・組織についての研究もなされている（栗原、2006）。

このように、環境と経済との関連を考えた研究は数多い。植田は環境ガバナンスを重層的に考えることを提案している。技術的能力の向上が自然や生命を根底から破壊する危険性が生じてきている現在において、環境リスク、健康リスク、エコロジカルリスクは身近な問題となった。大量生産に端を発する大量消費、大量廃棄の問題は、社会構造や都市構造のあり方を根本的にあらためる力をもっている。よって、何かひとつの分野ではなく、重層的な思考が必要になる。植田は地球温暖化にも、重層性を見ることができると論じている（植田、2006[注6]）。

地球温暖化を糸口に生態系や生命系を重視した研究もなされている（エントロピー学会、2001）。ここでは自然科学や技術の問題にとどまらず、社会や経済の問題としてもとらえているところに研究の広がりと意義がある。20世紀までは、経済成長が自然を破壊してきた。現在は、経済成長か自然（環境）保護かの二者択一ではなく、調和を考える研究もすすんでいる（龍、2004）。この研究は、伝統的な経済学の考え方に基づいてはいるが、産業構造のあり方や変動から環境保全への視野をも含んでいる。環境問題については、たとえばゴミの減量化やリサイクルの推進の取り組みがなされているが、

十分な効果があがっているか否かは証明されていない。このような取り組みには手間もコストもかかるし、不法投棄の問題なども含まれる。このような現状をふまえて、具体的に容器包装、家電、自動車などのリサイクル制度を検討し、課題への解決を研究しているものもある（吉田、2004）。

同じく現状の経済システムをふまえ、法制度に着目し、理論的に検討した研究もなされている（細田、2003）。理論については、吉野が、資源リサイクルを阻害している経済的要因を明確にしている（吉野、1996）。上述した吉田は、リサイクル型の経済システムを構築するための基本理論を論じている。また、循環型社会の基本原理として、廃棄物をマイナス要因の価値財とし、どのようにそれらがプラスの価値財に転じるかは市場の条件だと論じる研究もある（細田、1999）。細田は静脈産業の特徴を明確する政策への提言もしている。

また、マーケティング、労働、生産システムなど幅広くとりあげて、そこから企業経営と循環型社会を考え、21世紀の企業像を提言した研究がある（鈴木、2000）。この研究は地球環境問題に焦点をあわせている。この、地球環境問題をマーケティングの戦略課題として位置づけるように提言した研究もある（片山、2000）。ここでは行政の指導や消費者の協力も視野に含め、環境問題をぬきにした企業の持続的な発展はないとしている。そしてこの持続可能な発展をめざして、経済学的な観点から循環型の社会を検討した研究もなされている（慶應義塾大学経済学部環境プロジェクト、1996）。

3．若者の行動

筆者は、ここで、循環型社会に生きる大学生たちの消費行動に着目した。本報告の目的は、親の世代とは異なった大学生たちの消費行動や、リサイクルに対する考え方を見いだすことである。

たとえば、大学生たちの周囲にあるコンビニや駅のゴミ箱は、ごみを分別するようになっているし、家庭ゴミにしても分別が当たり前になってきた。ペットボトルの回収やプラスチック製品の回収も社会常識である。しかし、少し前までは、そのような分別は行われてはおらず、ペットボトルなどの回収もなかったのである。社会の変化は、おそらく大学生の環境意識にも影響

を与えていると推察する。

　また、最近は、「リサイクルショップ」と呼ばれる店が目につくようになった。これらの店は、通常、中古品やデットストック等を、修理や洗浄をほどこした上で、安価に販売している。中には、販売もしくは、買い取りもしている店もある。大学生にとって、「リサイクルショップ」で手持ちの品物を売ることには何の抵抗もない。ちなみに、「リサイクルショップ」は中古品を「リサイクル」しているのではなく、「リユース」しているといったほうが正確である。「リサイクル」は原材料に戻した上で、何か他の製品を生産するという意味だからである。

　このように、大学生がリサイクルに対して抱いている意識を、行動面と合わせて分析することは、今後の若者の消費行動を推察する上でも、有意義であると考える。また、「京都」を学ぶ上でも重要である。京都には、思う以上に骨董屋をはじめ、リユース品をあつかう雑貨店が多いからである。

　ここでは、具体的には、リサイクル・ブランドのリセール市やリサイクルショップでの購買経験、利用状況などを質問紙によって調査した結果をもとに、大学生たちの意識や行動を解明する。また、グループインタビューの結果から、最近の大学生の消費行動の特徴、あるいは購買行動の特徴を見いだすことにする。

第4節　消費者の意識分析（大学生のケース）

1．従来の大学生の購買行動の特徴

　従来の若者（大学生たち）の購買行動には以下のような特徴があった（辻、2001）。ここでは男女別に一例を示す。

(1) 女子大学生の特徴

　① スーパーブランド[注7]と身近なブランドとの使い分け：スーパーブランドと呼ばれる有名海外ブランドと、後発組のコーチや高校生に人気のあるミュウミュウなどのようなブランドをTPOに応じて使い分けている。

コンパなどのように「勝負」をする場所にはスーパーブランド系のバッグを用いるが、大学への通学などは身近なブランドバッグを使用する。この場合、スーパーブランドは百貨店業界が示す6大ブランドのみならず、ティファニーなどのように有名で高級路線なブランド全般をも含んでいる。
② 購入時には複数の人数で行くことが多い。特にバーゲンには友人と一緒に行く。
③ 洋服や小物に関しての購入基準は「かわいい」「流行」「おしゃれ」等があげられた。
④ パソコンや携帯電話等、機能を重視するような商品の購入基準は、友人の口コミ、異性からのアドバイスが情報として信頼度が高い。

(2) 男子大学生の特徴
① こだわり商品は高額でも購入するが、こだわらない商品は安価を好む（価格の2極化現象）。男子大学生のこだわり商品の上位には、自動車、オートバイ、ギター、スポーツ用品（スキーやスノーボードの板等）、趣味の品（釣り道具、アニメ、フィギュア等）がランキングされている。一方、こだわらない商品には、トイレットペーパー、ティッシュペーパー、ハンカチ、タオル、歯ブラシ、コップなど日常品が多く含まれていた。
② 購入時にはひとりが多い。バーゲンにはあまり行かない。
③ 洋服や小物に関しての購入基準には、「価格」「似合うか否か」「流行」等があげられた。
④ パソコンや携帯電話等、機能を重視するような商品の購入基準は、友人の口コミ、専門雑誌、店頭でのリサーチ、店員の話などが情報源としてあげられた。

従来の大学生たちの購買行動（上記①）に対して、最近の大学生たちは、男子大学生のみならず、女子大学生にも購買の2極化現象が日常的になってきている[注8]。また、男子大学生の特徴であった「こだわり」に関しても、男子のみならず、女子大学生にも日常的にあらわれてきていると考えられる。これらは「マイ・ブーム」とも呼ばれて、自分の個人史における一過性の興味や熱中を指している。アニメ、コミック、フィギュア等にこだわりを見出

す男子大学生は「オタク」と呼ばれることが多いが、女子大学生にも「NANA」などのコミックや自費出版の世界に「はまる」人は多い。もちろん、「アニメが好きである」ということが、必ずしも偏執的な「オタク」に直結していないこともある。ただし、大学生の「オタク」化傾向を侮ることはできない。たとえば、「オタク」市場は、アニメの分野では、すでに200億円、人口20万人の推計市場規模をもっているし、コミックの推計市場規模は1000億円、人口は100万人と言われている（森永、2005、p.31 表内参考）。このような大きな市場は、当然、経済的影響力をもつし、社会的にも流行を作り出す原動力になりうる。

　上記②については、最近の女子大学生たちがバーゲンに行く回数は減少してきている。1990年後半での調査では、ひとりの女子学生が年間にバーゲンに行く回数は2桁であったのに対して、2005年の調査においては、年間平均が6回に減少していた。明らかに女子大学生たちはバーゲンに行かない傾向にある。その理由としては、バーゲンで買わなくてもいつでも手に入るようになったこと、バーゲンされる品物への不信感、そして、来年用に購入するという意識が低下したことが挙げられた。

　上記③については、女子大学生は、あまり従来と変化がない。たとえば、購入基準に「かわいい」が入っていることは昔も現在も変わらない。ただし、「かわいい」という言葉が内包する意味は、幅広くなってきている（四方田、2006）。四方田いわく、

　「今日では「かわいい」は、世界のいたるところで出会う現象である。（中略）80年代の丸文字と「のりピー語」、90年代の「オタク」、そして2000年代の「萌え」ブームまで、日本の「かわいい」文化は世界のサブカルチャーのなかでも、徹底した脱政治性において独自のものといえるだろう」[注9]（四方田、2006、p.14引用）。

とある。つまり、「かわいい」は若者文化の中心的な概念のひとつとして、時代を経るごとに新しい意味合いを付け加え、常に若者の価値基準の首座を占めている。よって、購入基準として、常にあげられても不思議ではない。

【AIDMAの法則】

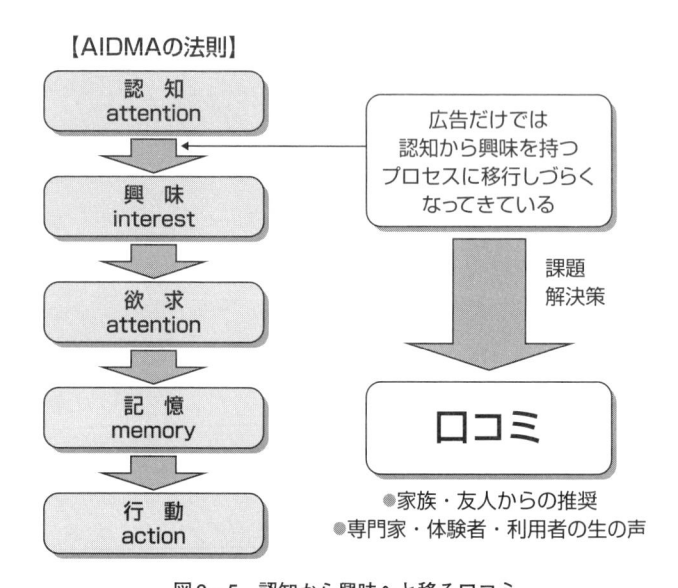

```
認 知 attention
   ↓
興 味 interest        ←──  広告だけでは認知から興味を持つ
   ↓                       プロセスに移行しづらくなってきている
欲 求 attention
   ↓                              │ 課題
記 憶 memory                      │ 解決策
   ↓                              ↓
行 動 action                    口コミ
                         ●家族・友人からの推奨
                         ●専門家・体験者・利用者の生の声
```

図2-5 認知から興味へと移る口コミ
出典：中島正之、鈴木司、吉松徹郎著『図解でわかる くちコミマーケティング』
日本能率協会マネジメント協会、2003年、p.25引用

また、男女共に「流行」も購入基準となっている。

　上記④については、従来とは変わらない基準として、友人からの口コミがあげられた。若い世代においては、友人からの口コミは特に重要な情報であり、これらが選択基準として尊重されている。口コミはアイドマ理論を応用して説明されることがある。アイドマ理論とは「attention」（認知）、「interest」（興味）、「desire」（欲求）、「memory」（記憶）、「action」（行動）のアルファベットの頭文字をとっているものである（図2-5）。

2．リサイクル・ブランドの価格以外の購入理由

　リサイクル・ブランドは通常、中古ブランドと呼ばれている。このリサイクル・ブランド品の多くは、スーパーブランドのバッグ、ベルト、アクセサリー、洋服、靴、小物などの中古品である。特に人気が高いのはルイ・ヴィトンのバッグである（アスカ・リサイクル文化社、2005[注10]）。リサイクル市やリサイクルショップ等での需要も多い。

　リサイクルショップを利用したことがある関西在住の大学生の割合は、筆

者が実施した2002年11月の調査では23％であったのに対して、2006年2月の調査では41％に増加していた。この2006年2月の調査では、リサイクルショップや中古ブランドのリセール市を利用する大学生たちにインタビューも試みた。リサイクル・ブランドの魅力については、従来は圧倒的に「価格が安い」という理由が多かったが、最近は必ずしも価格のみが魅力とされているわけではない。以下にインタビューから、低価格という理由以外の回答を紹介する。

A 「中古ですから、安いのは当たり前で、むしろどの程度の傷み具合なのかが気になります。低価格だけではなく、その鞄の状態が購入の決め手になります」

B 「プレミアものとか、珍しい商品が安価で買えるのなら魅力ですが、流行していたような商品であるならば、安くてもありふれています。それならばいりません」

C 「自分が今、持っていないようなスタイルやデザインの鞄がほしいです。価格は安い方が良いですが、あまり安いと偽物ではないかと疑いたくなります」

D 「本当にほしかったけれど、以前は手にはいらなかった中古品に出会った時が一番うれしいです。その場合は少し高めの金額でも購入します」

E 「たとえ安い値段でも、不必要なものや流行遅れのものは買いません。今の自分の生活に必要なものを探します。中古でもあまり汚れたものや痛みすぎている物もいりません」

F 「中古ブランドの魅力は出会いです。できれだけオンリーワンのものがほしいです。だから値段が安くても大量に生産されたいわゆる流行ものは買いません」

G 「少しくらい値段が安くても感動はありません。ランクを落としたブランドの新作が買えるからです。ただ、中古であってもルイ・ヴィトンは特別な魅力があります」

H 「ルイ・ヴィトンを日常的に持ち歩くには、新品は高いです。だから安くなった中古を買います。でも、なるべく珍しい物を探すので、むしろ高額になることもあります」

以上、安価だけを求めているのではない女子大学生の意見を抜粋した。こ

こからわかることは、他者との差別化の意識である。たとえば、Bは「プレミア、珍しい商品」を求め、「ありふれた鞄はいらない」と言う。Hも「なるべく珍しい物」を求めている。Fの「オンリーワン」を求める心理が差別化を推察させる。

3. 流行の理論（ジンメルのトリクル・ダウン・セオリー）

　第1章で少しふれたが、ジンメルのトリクル・ダウン・セオリー[注11]は滴下理論との訳され、ファッションの流れや情報の流れを説明する際にも活用されている理論である。階層間に上位から下位へとファッションの模倣がなされたり、生活様式などの情報が流れるという論理である。このセオリーは、人々の関心が常に上位の階層にあり、上層階級の持ち物や教養に、あこがれや尊敬の気持ちがあるということを前提としている。なお、ジンメルのトリクル・ダウン・セオリーは、経済学における「富者の富は、自然に貧者に浸透する」という原則論を下敷きにしていた。現在の日本でも、小泉元首相が「現内閣の政策は、貧富の差を広げている」という指摘されたことに対するエクスキューズに、この原則論を使っていた。

　ファッションの世界でも、トリクル・ダウン・セオリーはモードの伝播を説明する理論として便利に利用されてきた経緯がある。あるジャーナリストは、1870年ころのパリのモードが、パリの地区で、サンジェルマン、ショセダンタン、サントノレ、マレーの順に普及したという事実を踏まえ、社会階級の序列がファッションの伝播と符合していると説いたのである。

　ここでは、トリクルダウン・セオリーを、図2-6に階層間の情報の流れのパターンとしてまとめた。ジンメルのオリジナルの説明は左端のA列になる。B列は、日本の現在の流行を作り、育み、伝えている典型的な人物呼称をまとめてみた。C列では、B列をさらに具体的な職業名や役職名に書き換えてみたものである。

　ただし、最近は上から下への伝播のみならず、下から上への流行の伝播も見られる。たとえば、サブカルチャーなどは底辺から社会上層への伝播である。

　マーケティング論者が新製品の普及を説明する際には、真ん中のB列が例示される。つまり、先駆者のイノベーターが新製品の価値を認めた場合、次

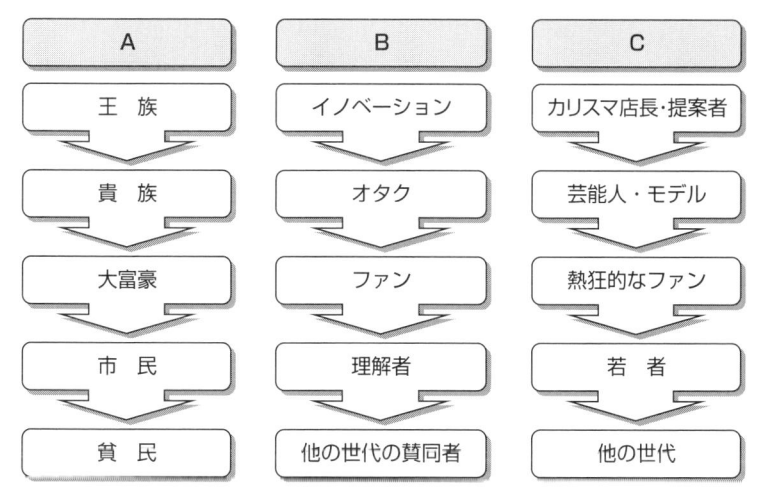

A	B	C
王族	イノベーション	カリスマ店長・提案者
貴族	オタク	芸能人・モデル
大富豪	ファン	熱狂的なファン
市民	理解者	若者
貧民	他の世代の賛同者	他の世代

図2-6 階層間の情報の流れのパターン（著者作成）

に高い関心と専門的知識を有する「オタク」がその製品を採用する。その次には、流行に敏感な人々がその製品のファンになる。ファン層は広がりをみせ、マス媒体などを通じて流行となり世間に知れ渡るところとなり、新製品の良さを理解した人々が採用する。最後には、その世間の様子をみて、それまでその製品に関心も知識もなかった人々が、賛同して採用するという流れになる。

また、ファッション理論では右端のC列がよく例示される。カリスマ店長と呼ばれる人をはじめとして、ファッションをリードする人々が、新しいファッションやスタイルを提案する。これに反応して、露出度の大きい芸能人等がその提案を受け入れる。そこから芸能人の持ち物に憧れや興味をもつファン層が、そのファッションを取り入れる。次に一般の若者がこれらを模倣して、最後には、上の世代も取り入れるようになるのである。しかし、このいずれのパターンにも属さないものが、京都で販売されている多くのおみやげものであったり、製品である。たとえば、「黒のおたべ」は今年、食品の間で「黒」が流行したので、つくられた。これに続けて「黒の八つ橋」も販売されている。これはBパターンのようなオタクがいて、そこからファンにひろがったわけではない。先に世間の大きな流行があったのである。だからカリスマ的に黒の食品を提案したという意味ではCパターンである。しかし、芸能人やモデルが採用したわけでもなく、あくまで京都に観光にきた人々が

購入していったのである。
　さて、リサイクル・ブランドがほしいという意識は、本来は、おそらく上位の階層へのあこがれで説明されるものだった。しかし、最近は違う価値によって、リサイクル・ブランド品を求める若い世代が増えてきた。この価値の変遷を池上は『生活の芸術化』の中で次のように述べている（池上、1993）。

「いま、日本人は、古くて、しかも、現在の生活に優れた機能や美しさや調和や安らぎをもたらしてくれるものを見つけて生活に活かすことに関心を向け始めたのかもしれません」[注12]（池上、1993、p.8引用）。

　つまり、価格だけではなく、古くても安らぎを感じさせるものとして、リサイクル・ブランドを買い求める場合が増えてきた。つまり、価格の安さとは別に、リサイクル品に新しい価値を見いだし、日常生活に取り入れていく姿勢が現れてきたのである。この意識の高まりによって、古着や着物が若い人々にも取り入れられていくのである。スローライフの思想ではないが、時にはゆったりと着物でくつろぐという粋な考え方も受け入れられるようになったのである。このゆったり、まったりした時の流れを感じさせる京都が循環型社会の中で、特に若者に人気があるひとつの理由でもある。

第5節　リサイクル・ブランドに対する意識調査

1．リサイクル・ブランドに対する意識

　リサイクル・ブランドに対する意識については、どうであろうか。2006年の調査結果を以下に紹介しておく。この調査は2006年2月に実施され、母集団は合計189名（男子128名、女子61名）と小規模であること、大阪府の1大学に在籍している学生が対象であること、関西在住の大学生であることを記しておく。
(1)　価格以外の理由でリサイクル・ブランド品を購入する場合、どのような理由か？
　　　プレミアである…84名　　　珍しいから…74名　　　希少価値があるから…62名

もったいないから…53名　　ほしいから…50名　　流行しているから…48名
皆が持っているから…45名　恰好よいから…34名　新しさを感じるから…27名
粋な感じがする…24名　　　レトロがよい…9名　　日本らしさがある…13名
新品では風合いがない…11名

※10名以上が○をつけた項目のみをあげた（ここでは、複数回答を許しているので、合計が調査人数の189を超える）。

(2) リサイクル・ブランドは恰好よいか否か（○は1つのみ）
　①：たいへん恰好よい ……………………21（11.1％）
　②：やや恰好よい ………………………39（20.6％）
　③：どちらとも言えない ………………56（29.6％）
　④：やや恰好悪い ………………………55（29.1％）
　⑤：かなり恰好悪い ……………………18（9.5％）

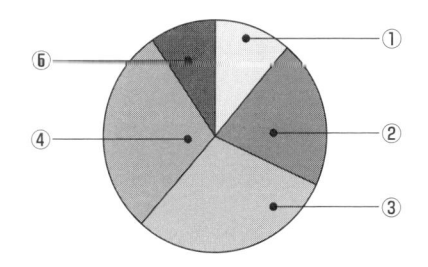

図2-7　リサイクル・ブランドに対する評価（著者作成）

　図2-7にリサイクル・ブランドに対する評価として、リサイクル・ブランドを恰好よいと思うか否かの結果を円グラフで示した。大学生は、意識の面では、恰好がよい（やや恰好がよいを含める）と思うものが約3割、どちらとも言えないが約3割、そして恰好が悪い（やや恰好が悪いを含める）も約3割であった。「どちらとも言えない」理由としては、「リサイクル・ブランド品の種類によるので」、という回答が多かった。

(3) リサイクル・ブランドで思いつくものは何か？
　1位：高級ブランドの鞄　　2位：中古車（オートバイを含める）
　3位：洋服、小物　　　　　4位：時計、アクセサリー

5位：ベルト、財布	6位：パソコン
7位：靴	8位：ギター

※10％以上が○をつけた項目をあげた。これ以外には着物、雑貨、骨董などがあがっている。

(4) リサイクル・ショップに対するイメージは何か？

1位：偽物がありそう	2位：なぜかきなくさい	3位：はいりにくい
4位：おばさんがいる	5位：密室っぽい	6位：ねぎれそう
7位：ダークな感じだ	8位：信用しきれない	9位：不潔な感じがする
10位：品物が少ない	11位：流行遅れ	12位：場末

(5) リサイクル・ショップの利用について
　　したことがある ……………………………22％
　　したことがない ……………………………78％

(6) 今後、リサイクル・ショップを利用したいか？
　　今後は利用してみたい…54％（理由：みんなが利用しているから、一度経験したい他）
　　できれば利用したくはない…46％（理由：ブランド専門店か正規店では購入したい他）

　以上の質問のほかに、価格に関して以下の2つの質問をした。1つは、「新品よりもどれくらい価格が安いのならば、中古ブランドを購入しようと思うか？」であり、もう1つは、「手元に5万円が自由に使用できるならば、ルイ・ヴィトンの中古品の財布を購入するか、あるいはコーチの新作を購入するか」であった。

　前者の「新品よりもどれくらい価格が安いのならば、中古ブランドを購入しようと思うか？」については、最も多い回答は「40％引き」であった。すなわち、新品の6割くらいの値段ならば買いたい、と約70％の調査対象者が回答をした。また、後者の「手元に5万円が自由に使用できるならば、ルイ・ヴィトンの中古品の財布を購入するか、あるいはコーチの新作を購入するか」については、45％がルイ・ヴィトンを選択し、20％がコーチを選択した。

残りの35％は「実際に物を見ないと回答できない」と答えた。なお、質問票にはリサイクル・ブランドという表現よりも「中古ブランド」あるいは「中古品」といった方がわかりやすいので、質問票には「中古」という表現をしている。

　リサイクル・ブランドに対する意識は、確実に以前よりも肯定的になってきているが、それは、スーパーブランドをはじめとするブランド志向が背景にある[注13]。ブランドではなく、「こだわり」が優先されている学生たちの中でも、このブランド志向は見受けられる。よって、今のところ、大学生たちにとってのリサイクル・ブランドに対する意識は、ブランド志向に支えられた意識と言えよう。

2．古着に対する意識

　古着といえば、「不潔である」「汚れている」というイメージを持っている人もいるかもしれない。しかし、最近の古着は、衛生面では問題がないことがほとんどである（中村、2006）。

　たとえば、古い呉服を再生・販売している「たんす屋」では、買い取った着物の染み抜きをしたり、洗い張りをしたりして、さらに繕いなどのメンテナンスをしっかりしてから店頭に出すという。こうした手間をかけることによって、品質が維持できているのである。最近は花火大会に昔の浴衣を着て出かける若い人々も増え、古着の需要は確実に広がっている。

　古着は呉服や浴衣だけではない。ジーパン、ジャケット、アクセサリーなど、あらゆる服飾分野に古物が出回っている。関西地区では、神戸、大阪、京都などの繁華街に立地する古着専門店が若者の支持を集めている。特に京都は和ものである着物や洋ものであるジーパンなどが両立している。これらの店の共通点は、以下の3つが考えられる。

　まず、古着ではあるが、①そこに何かしら付加価値がある。たとえば、清潔であること、セレクトされた商品であることなどである。その結果、古着の店に集う若者は、そこで販売されている古着を、特別な思いを込めて購入する。ここでの価格は決して安いものではなく、むしろ新品よりも高額である。すなわち、こうした店で古着を高く買う若者は、自分の「こだわり」に見合った付加価値に対価を払っているのである。②珍しい、プレミアである

ことである。古着は生産が中止になっている場合も多く、同じようなものが少ない。よって珍しさ、つまりオンリーワンの世界なのである。③ジャポニズムを感じる。これは古着だけではなく、ちゃぶ台などのようなアイテムにも感じられる。しかし、古着はそれを着ることによって他人へのアピールも可能であり、自己意識の高揚にもつながる。

　次に、筆者が2006年3月上旬から4月下旬に実施した意識調査の概要を示した。これは関西圏に住む大学生340名に対して実施した質問紙調査である。実施大学は4つの大学で、調査対象となった学生たちの居住地は、明石、加古川、神戸、芦屋、尼崎、西宮、大阪、伊丹、宝塚、三木、三田、奈良の12地域のいずれかだった。回収方法は、郵送法（FAX返信を含む）を用い、回収率は56.2％であった。回収率の高さは、調査対象の大学生たちの指導教員にあらかじめ主旨説明文を送り、賛同を得た教員から学生たちを紹介をしてもらったからである。また、個々の学生たちにも、あらかじめ調査の趣旨を理解してもらったうえで、調査票を送付した。その結果191名からの回答があった。なお、この調査には、2つの問題点がある。1つ目は、これらの調査地域は、関西圏の一部であるので、この調査結果が全国的な学生の結果と一致するか否かはわからないということである。2つ目は4つの大学ではあるが、A大学が4割を占めており、調査対象が大学ごとの均等割りではないことである。ただし、これらの地域に在住していれば、大阪や神戸の繁華街に、通学の帰りにでも買い物に行ける。また、日帰りで京都までにも買い物に行けることから、古着を購入できる条件には適っていると考えられる。

　さて、回答をした191名を、数量化Ⅱ類を用いて2つのグループに分けた。古着の肯定グループと否定グループである。判別的中点は0.04となり、判別的中率は79.9％であった。判別的中率は、いわば、数量化Ⅱ類の分析精度を示す目安であるが、一般的には75％以上が良いとされている。今回の分析においては、79.9％であったので、意味がある分析結果が得られたと判断した。数量化Ⅱ類は、YES，NOなど、2つの相反する意見を分類することに適した分析手法である。YESとNOの分かれ目がどのような要因であるかがわかりやすいからである。ここでは古着に対して肯定か否定かを質問し、その回答結果を分類した。そこから、回答した大学生たちの特徴を導きだすためで

ある。ただし、この質問については、「自分が古着を活用したいと思うか、どうか」という質問にしたので、自分は活用したくはないが、他人が活用することには賛成だという意見は、数字としてはあらわれていない。あくまで自分がどうかということが基準になっている。図2-8に、数量化Ⅱ類の結果－古着に対する賛否－として示した。賛成と反対、つまり、肯定と否定の2つのグループの特徴は表2-1に示した。

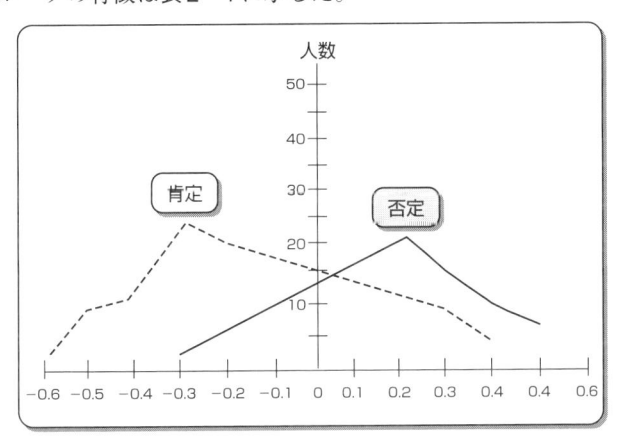

図2-8 数量化Ⅱ類の結果―古着に対する賛否―　　（著者作成）

表2-1　数量化Ⅱ類の結果からのグループ別の特徴

古着肯定グループ	
人的特徴	こづかいは平均以上の者　好きなブランドがある 買い物にはよく行く　買い物にインターネットを活用する
古着へのイメージ	珍しい、粋だ、デザインが斬新、オンリーワン、値段が安い こだわりがある、品物に物語がある、伝統を感じる

古着否定グループ	
人的特徴	こづかいは平均未満の者　好きなブランドがない あまり買い物には行かない　買い物にインターネットを活用しない
古着へのイメージ	不衛生、汚い、値段が安い、粗悪品、時代遅れ、古めかしい 誰が使ったからわからない不気味さがある、気持ちが悪い

（著者作成）

図2-8からは、肯定と否定がきれいに2つの山となって分かれていることがわかる。肯定グループにも否定グループにもそれぞれの意見がある。ここで重要なことは、はっきりと意見が分かれたということである。これは古着に対する好悪の2極化を示している。具体的には、古着を抵抗なく購入する学生は、何度でも購入を繰り返すが、購入をしない学生はまったくしないということを意味する。マーケティングの戦略としては、より多くの古着をリピーターにアピールする方法と、まったく購入しない学生たちをターゲットに新規顧客を開拓していく方法が考えられる。後者の方法をとるなら、いかに古着が魅力的であるか、清潔で安全であるのかというアピールが必要である。古着に対する偏見をくつがえし価値観の変更をうながす提案が必要になってくる。

3. 提言

　循環型経済社会が成熟していくためには、リサイクルやリユースの思想が、生活の中に、もっと浸透していく必要がある。そのためには、人々の消費行動の中で、リサイクル品やリユース品が当たり前のように売買され、使われる環境が整えられなければならない。新品でないことに対する特別な負の意識や、逆に古いがゆえの希少価値を尊ぶ意識が、常に消費者の念頭を離れないようでなければ、循環型経済社会の到来はまだまだ先の話であろう。つまり、日常生活の中に、循環型経済社会に適応したビジネスが取り入れられなければ、どんなにその意義が強調されても長続きはしない。

　たとえば、大学生に調査をした結果、古着の好き嫌いは、2極化していることがわかった。古着が好きだと感じる大学生は、古い呉服やジーンズに「おしゃれだ」「粋だ」と感じる感性を持っているが、そうでない学生にとっては小汚い使い古しに過ぎない。また、節約や省エネの考え方が、単に耐乏生活を強いるものであったなら、生活の質を落としたくない現代人にとって循環型経済社会はお題目か教条に過ぎないだろう。

　循環型経済社会の成熟のためには、「たんす屋」のように、消費者と古いものとの接点を演出する新しい"Rビジネス"がもっと盛んになる必要がある。システムが構築されれば、そこに需要と供給の関係が成り立つだろう。今回の大学生を調査対象とした調査結果の中には、キーワードとして「こだ

わり」という言葉が多く出ているが、青年期の自己概念にかんして得られた知見から概観すると、テーマは4つあるとコールマンとヘンドリは述べている（コールマン＋ヘンドリ著、白井他訳、2003）。それらは、

①自己概念の発達にかかわる要因
②青年期における自尊感情
③アイデンティティの発達に対する理論的なアプローチ
④民族アイデンティティにかんする研究の論評

の4つである（コールマン＋ヘンドリ著、白井他訳、2003、p.63引用）。そして、おそらく「こだわり」は、自尊感情の中に存在すると考えられる。「自分以外は全部ばか」というキャッチコピーの本が売り出されているが、自分と自分以外との関係を正確に把握できない大学生がいることも事実である。循環型経済社会における大学生の消費行動の具体例として、リサイクル・ブランドの購入意識や古着に対する意識の調査結果を示したが、従来と比較すると、新しい価値観にささえられながら、リユース製品を認めていく姿勢や行動が見てとれた。今後は、もっと広い範囲で、どのように大学生たちが循環型経済社会をとらえ、その中での消費活動を行うのかを調査する必要があると考える。

　また、古着や古いモノを通じて、伝統工芸を考える糸口になることも考えられる。京都にはリユースあるいはリサイクルできそうな素材が豊富にある。若者の感性と合致し、新しい価値を見いだされそうな「モノ」をいかに見いだしていくかという課題もある。

☆―注釈
1) 経営戦略については、チャンドラーの定義が有名であるが、その他にも次のような定義もある。アンドルース（K.Andrews）は、「目的、目標およびこれらの目標を達成するための主要な方針と計画のパターンであり、どのような事業に従事しあるいは従事すべきか、どのような種類の会社にしあるいはすべきかを定義する形で表明される」と述べている。アンゾフ（H.Ansoff）は、「経営戦略は、主として企業の外部的問題であり、外部環境の変化に企業を全体として適応させるために、参入すべき製品―市場

構造の決定である」としている。以上は占部都美編『経営学辞典』中央経済社、1980年、p.150引用。
2) 販社とは、販売会社の略。メーカーがチャネルをコントロールしたいために、自社が卸売業を行う会社のことを指す。
3) パブリシティとは、マスコミを通じて、記事として企業活動を広く一般の人々にアピールすること。これは企業にとってはコストをかけずに知名度を高めることができる方法である。また、知名度だけではなく、社会的な信頼や信用も得やすい方法である。
4) 井上秀典『リサイクル関係法の解説』一橋出版、2003年のp.31を引用した。
5) クリーン・ジャパン・センターは『循環型社会キーワード—3R リデュース・リユース・リサイクル』を2002年に経済調査会から出版した。本書は、クリーン・ジャパン・センターが保有する情報等をもとにして、特に「リサイクル」に関連する最新のデータに加えて、循環型社会形成にかかわる法制度や政策について解説している。
6) 日本経済新聞、2006年9月18日（月）朝刊20面「経済教室」の欄に植田和弘（京都大学教授）の記事が掲載された。タイトルは「環境ガバナンス「重層的」に」である。植田の主張は「グローバル、リージョナル、ナショナル、ローカルといった重層性を伴い、各層間が相互作用と伴って動態化している重層的環境ガバナンスの構造と機能を明らかにし、そこへの移行戦略を構築していく必要がある」ということである。本文はこの記事の中から筆者が抜粋した形でまとめた。
7) スーパーブランドとは「ルイ・ヴィトン、エルメス、同じフランスの高級ブランドのシャネル、それにグッチ、フェラガモ、プラダといったイタリアの高級ブランドを加えた6つのブランドを百貨店業界では「スーパーブランド」と呼んでいる」『日経ビジネス』7-20、1998年、p.21引用。これらは6大ブランドとも呼ばれている。
8) 購買行動の2極化とは、日常品などは安価なものをたとえば100円均一のショップで購入するが、お気に入りのブランドの鞄などは高価で何十万円もかけて購入する。自分のこだわる品物は高額でもかまわないが、そうではなく関心の低い商品（サランラップ、トイレットペーパー、紙コップなど）は少しでも安価で購入するという行動のことである。
9) 四方田犬彦『「かわいい」論』筑摩書房、2006年のp.14を引用した。
10) アスカ・リサイクル文化社が主催となり、「ブランド・リセール市」を全国で展開している。2005年9月22から25日までの4日間は大阪心斎橋オーパきれい館で開催された。過去には広島、函館、神戸でも開催され、2006年9月には東京池袋で開催される。大阪心斎橋では顧客動員数は4日間で71,567名、このうち80％が女性であった。ブランド部門別売上は1位：ルイ・ヴィトン、2位：シャネル、3位：エルメス、4位：ロレックス、5位：ブルガリ、6位：カルティエ、7位：グッチとなった。
11) Simmel, Georg 1991, *Philosophische Kultur*, Gesammelte Essais.円子修平・大久保健治訳『文化の哲学』（ジンメル著作集7）白水社、1976年、p.34。筆者は訳本での確認と現物はトリクル・ダウンセオリーが書かれてあるページしか確認をしていない。
12) 池上惇『生活の芸術化』丸善ライブラリー、1993年のp.8を引用した。

13) ブランド志向（brand oriented）とは、久世敏雄・斎藤耕二監修『青年心理学事典』福村出版、2000年のp.312には次のように説明されている。「ブランド志向とは、自己の感性に合致したブランドを好むこと、またはそのようなブランドを求める気持ちがあることをいう。（中略）ブランド志向のプロセスとは、次の通りである。(1) 情報入手、(2) ブランド認知、(3) 自己感性の確率、(4) ブランドの購入・使用・保持、(5) ブランド・ロイヤリティ（brand loyalty）の形成」とある。

◎─参考文献

池上惇『生活の芸術化─ラスキン、モリスと現代─』丸善ライブラリー、1993年。
井上秀典『リサイクル関係法の解説』一橋出版、2003年。
岡嶋隆三編『マーケティングの新しい視点』嵯峨野書院、2003年。
エントロピー学会『「循環型社会」を問う─生命・技術・経済─』藤原書店、2001年。
片山又一郎『環境経営の基本知識　循環型経済社会とマーケティング戦略─』評言社、2000年。
神山進『性の消費行動─現代社会における性の商品化と商品価値─』滋賀大学経済学部、2004年。
久世敏雄・斎藤耕二監修『青年心理学事典』福村出版、2000年。
クリーン・ジャパン・センター『循環型社会キーワード─3R　リデュース・リユース・リサイクル─』経済調査会、2002年。
栗原浩一・小林信一・新井肇『資源循環型畜産の展開条件』農林統計協会、2006年。
慶應義塾大学経済学部環境プロジェクト『持続可能性の経済学─循環型社会をめざして─』慶應義塾大学出版会、1996年。
コールマン, J.＋L. ヘンドリ（John Coleman and Leo B. Hendry）著、白井利明他訳『青年期の本質』(The Nature of Adolescence) ミネルヴァ書房、2003年。
斉藤美奈子『文学的商品学』紀伊國屋書店、2004年。
財務省『循環型社会白書のあらまし』平成14年版、財務省印刷局、2002年。
佐野良夫『顧客満足の実際』日本経済新聞社、日経文庫、2003年。
嶋口充輝『顧客満足型マーケティングの構図』有斐閣、2002年。
白井利明編『よくわかる青年心理学』ミネルヴァ書房、2006年。
杉原淳子『ファッション・マーケティング』嵯峨野書院、2004年。
鈴木幸毅・浅野宗克・石坂誠一・小泉国茂『循環型社会の企業経営』税務経理協会、2000年。
高杉晋吾『循環型社会の「モデル」がここにある─時代を切り拓く「勇者」の条件─』ダイヤモンド社、2001年。
高杉晋吾『北九州エコタウンを見に行く─循環型産業都市モデル─』ダイヤモンド社、1999年。
通商産業省環境立地局『循環経済ビジョン─循環型経済システムの構築に向けて─』通商産業調査会、2000年。

辻幸恵『流行と日本人―若者の購買行動とファッション・マーケティング―』白桃書房、2001年。
辻幸恵・梅村修『アート・マーケティング』白桃書房、2006年。
辻幸恵・梅村修『ブランドとリサイクル』リサイクル文化社、2005年。
中島純一『メディアと流行の心理』金子書房、2002年。
中田善啓『マーケティングの変革―情報化のインパクト―』同文舘、2003年。
中村健一『たんす屋でござる』商業界、2006年。
日経産業消費研究所『平成OLの意識と消費行動』日経新聞社、2003年。
平野繁臣『地域経営学のススメ―内発型・循環型社会の構造と機能―』通商産業調査会、2000年。
細田衛士『グッズとバッズの経済学―循環型社会の基本原理―』東洋経済新報社、1999年。
細田衛士・室田武『循環型社会の制度と政策 岩波講座 環境経済・政策学（第7巻）』岩波書店、2003年。
森永卓郎『萌え経済学』講談社、2005年。
山谷修作『循環型社会の公共政策』中央経済社、2002年。
吉田文和『循環型社会』中央公論新社、2004年。
吉野敏行『資源循環型社会の経済理論』東海大学出版会、1996年。
四方田犬彦『「かわいい」論』ちくま新書、筑摩書房、2006年。
寄本勝美『リサイクル社会への道』岩波書店、2003年。
龍世祥『環境産業を産業構造―調和型循環社会形成の産業的理念・方法―』晃洋書房、2004年。
和田実編『男と女の対人心理学』北大路書房、2005年。

◎―資料
大山ゆかり他編『キティ・エックス　パーフェクトガイド』美術出版社、2004年。
食品流通情報センター編『若者ライフスタイル資料集』食品流通情報センター、2001年。

第3章

消費者心理からみたブランド

第 1 節 「製品としてのブランド」と「製品」との相違

　ブランド戦略は、段階ごとに様々な戦略が考えられる。消費者はいつもブランドに対して正確な知識があるとは限らない。また、ブランドに対しても、好き嫌いがある。ブランド戦略論は、個人の好き嫌いも含めて、消費者心理を解明することを試みている。たとえば、ブランド戦略論では、どのようなタイミングで、どんな消費者に、何を情報提供するのか、ということに加えて、消費者が、今、何を欲しているのか、どういう心理状態にあるのかを把握しようとする。これは「ブランド」の箇所をそのまま「京都」に入れ替え、「消費者」の箇所をそのまま「観光客」に入れ替えることができる。

　観光客はいつも京都に対して正確な知識があるとは限らない。また、京都に対しても、好き嫌いがある。京都の魅力の解明は、個人の好き嫌いも含めて、観光客の心理を解明することである。たとえば、どのようなタイミングで、どんな観光客に、何を情報提供するのか、ということに加えて、観光客が、今、何を欲しているのか、どういう心理状態にあるのかを把握しようとする。つまり、本章で消費者心理からみたブランドを考えることは、そのまま観光客の心理からみた京都を考えることに直結すると筆者は考えている。

　第1章ではブランドの意味や若者がどのようにブランドをとらえているのかを述べた。第2章では現在の社会状況がリユース、リサイクルと結びつき、そこから京都が考えられるのではないかということを述べた。第3章では、消費者とブランドを概観することによって、先に述べたとおり、消費者を観光客と、ブランドを京都と考えていく。

　消費者にとっては、最初にブランドを受け入れることが可能か不可能か、ということが問題である。たとえば、ブランド自体を拒否したり、あるいはブランドに対して興味がない人々がいたとする。そのような人々に、あるブランドが有名であるとか、他のブランド品と比べて価格が安いという広告をしたとしても、興味を抱かせることは難しい。関心をもってもらうためには、

第3章 消費者心理からみたブランド

まずは、そのブランドの製品が、他の製品よりも非常に優れていることをわかってもらう必要がある。そして、そのブランドの製品の品質や機能といった属性だけではなく、それを持つことの意味、すばらしさ、楽しさなどを伝える工夫が必要である。ここもまったく京都の伝統的な製品にあてはまる。伝統工芸のすばらしさや、それを使う楽しさなどを伝えなければ、それを使用する者はいなくなってしまう。

　本章では前半は、消費者心理からみたブランドをとらえるが、それは観光客の心理からみた京都である。後半は、リセール市の売上などを例にリユースに対する消費者心理を分析するが、それは古いものを大切にする気持ちや古着を恰好良いと感じる若者の気持ちがどこか京都の製品に通じているのではないかと筆者が考えたからである。昭和レトロのブームも、夏祭りの浴衣の流行も、どこか郷愁があり、それは和ブームにつながっている。そして和のイメージが大学生たちにとって一番つよい都市は京都である。このことからブランド、リサイクル・ブランド、京都につながりがあるのではないかと筆者は考えている。

　さて、ブランド戦略は、簡単にいえば、ブランドを核とした企業の販売・イメージ戦略であると陶山は説明している[注1]。著書の中で、企業がブランドを有することが、いかに他社との差別化に役立ち、利益をもたらすのか、そして、市場内で他社よりも優位にたてるのか、ということを論じている。優れたブランドの製品は、企業全体の価値を高めるのである。なお、陶山は、「製品としてのブランド」を次のように説明している。

　「「製品としてのブランド」は、ある製品を思い浮かべたとき、そこから派生的に想起されるすべての要素である。この場合、想起される連想要素が多いほど、そのブランドのメンタルなネットワークは豊かで、奥深いものと言ってよい。「製品としてのブランド」のパワーは基本的にこの連想要素の数によってきまる。」[注2]

　この箇所は陶山の『日本型ブランド優位戦略』からの引用であるが、同頁には、以下の表3-1が掲載され、「製品としてのブランド」と単なる「製品」

表3-1　製品としてのブランドと製品

	ブランド（主観）	製品（客観）
分野	想起されるブランド	製品カテゴリー
属性	構成要素とする属性	個々の客観的な製品属性
属性	知覚された品質	物理的・科学的組成や構造
用途	連想される使用機会	製品本来の使用法
ユーザー	ユーザー・パーソナリティ	ユーザー・プロフィール
原産国	連想される信頼性や伝統	原産国・地域

出典：陶山計介『日本型ブランド優位戦略』ダイヤモンド社、2000年、p.61、図2-5引用

の比較がなされている。

　たとえば、ある製品がいくら性能や品質に優れており、それに関連した連想要素が多くても、それを享受する個人間で連想がばらばらであれば意味がない。ある製品からトータルな表象が誰の脳裏にも想起されるためには、連想要素がネットワークで結びついていなければならない。各要素の束が統一的にまとまれば、おのずと、それは製品ブランドの様相を呈してくる。

　ところで、「製品としてのブランド」と単なる「製品」の相違は、人々にトータルな想起を催させるか否かだけではない。そうした表象を形作っているのは、表3-1に示したとおり、実は、個々の製品の属性、品質、用途、ユーザー、原産国の違いである。企業にとっては、製品を構成する素の要素を、ブランドとして生かすために、システムを構築しなければならないのである。また、そもそもブランド戦略は経営戦略のひとつであるから、価格や広告とも関わりがあることはいうまでもない。

第2節　ブランド認知と広告戦略

　現代の消費者は、何によって、ブランドを知るのだろうか。心理学では、認知は段階的に進展すると論じている。そして、各段階ごとに特徴があり、段階が進んで行くことによって、認知の質的な変化がおこると言われている。

第3章　消費者心理からみたブランド

すなわち、製品情報に対する理解が深まったり、あるいは、知識レベルのものが、実際の使用を通して、身にしみてわかるというような実感も認知の一段階である。本章の第1節にも述べたが、ここでも消費者を観光客に置き換えることができる。京都を知るといっても、伝統工芸と呼ばれている製品を知るのか、おいしい和菓子の店を知るのか、ブランドの数も星の数ほどあるが、京都についても情報が星の数ほどもあるだろう。

　消費者に、自社製品を知ってもらうためには、広告やPRをしなければならない。京都をPRするのは京都市であり、広報というものになる。個店をPRするには、マーケティングの基本要素である広告戦略が必要である[注3]。広告戦略は、雑誌や新聞やテレビなどのメディアを使って、製品情報を消費者に届ける。広告には、直接的に製品をアピールする手法と、企業のイメージを優先して、商品そのものは間接的に伝えるものがある。前者は商品広告、後者は企業広告といわれることもある。いずれにせよ、広告する側は、情報を効率的に、そして正確に消費者に伝える工夫が必要である。

　最近では、広告の他に、口コミの影響が大きく、消費者間の情報のやり取りが盛んである。口コミが確実に顧客をつくるということも周知のとおりである。それがどのような流れかを図3-1に示した。そもそも口コミとは、うわさ話のことであるが、近年はインターネット上のブログやメール配信による口コミが主流である。

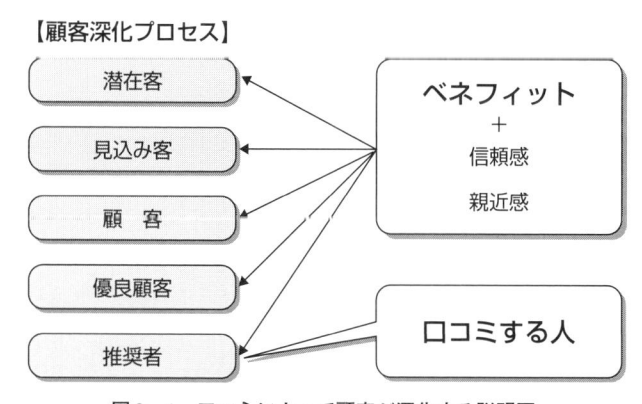

【顧客深化プロセス】

- 潜在客
- 見込み客
- 顧客
- 優良顧客
- 推奨者

ベネフィット
＋
信頼感
親近感

口コミする人

図3-1　口コミによって顧客が深化する説明図
出典：中島正之・鈴木司・吉松徹郎『図解でわかる　くちコミマーケティング』
日本能率協会マネジメント協会、2003年、p.29引用

昔の井戸端会議とは異なって、インターネットを使用した場合は、一瞬にして世界中に情報を発信することができる。また、情報を得る方も、時間の制約も空間の制約もなしに、最新の情報に触れることができる。北海道からでも沖縄からでも、瞬時にして東京の最新トレンドにアクセスできる。前世紀までは、歌手になるためには、東京に出てきて、有名になる機会をうかがっていなければならなかった。しかし、現在では、音楽はどこからでも配信できるようになった。携帯電話経由で「着うた」のヒット曲をつくることすら可能になった。このように、情報の発信も受信も桁違いの速さと量で行われ、世界中を飛び交っているのである。

　図3-2に、消費者のブランド認知を形成している情報要素を例示した。たとえば、消費者は、口コミによって、あるブランドの存在を知ることになるかもしれないし、雑誌や新聞によって知識を得ることになるかもしれない。また、同じ情報を口コミや雑誌から仕入れても、どの程度それらの情報を信じるか、あるいはそれらの情報を正確に覚えているか、には個人差がある。ある消費者は、すぐに何でも信用するタイプかもしれないし、ある消費者は視聴や試飲をしなければ納得できないタイプかもしれない。

　さらに、情報はわけ隔てなく一様に行き渡っていても、アクセスできる環境やスキルの差によって、認知の質的・量的な差異は必然的に生じる。たとえば、インターネット情報は、すべての人に開放されているが、デジタル・

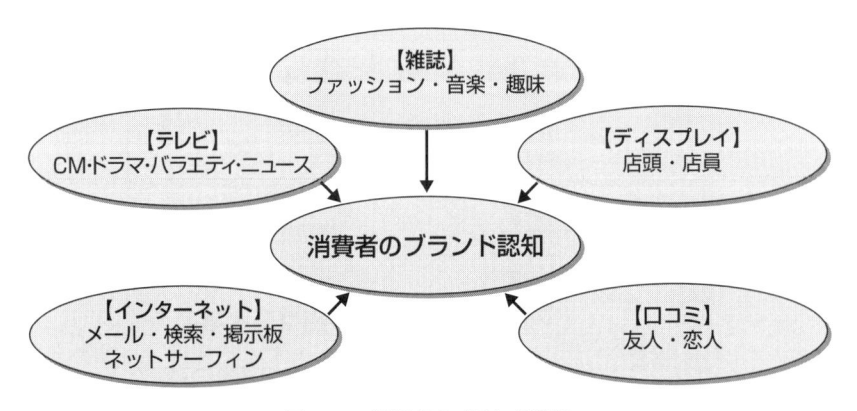

図3-2　消費者のブランド認知
出典：岡嶋隆三編『マーケティングの新しい視点』嵯峨野書院、p.36引用

第3章 消費者心理からみたブランド

リテラシーやPC環境によって、使用頻度や検索内容には浅深があるし、テレビなどは視聴時間にも個人差がある。

　このように、情報を受け取る側の個の世界が平準化されていない場合、ブランドを有する企業は、ターゲットとなる顧客がどのような人物特性をもっているか、どのようなメディアといかに接し方たか、を把握することが非常に大切である。そうした顧客情報が、どのようなメディアを使用し、どのように自社ブランドの情報を流すかを決定する。メディア戦略やターゲットの絞り込みが勝敗が分けてしまうのである。いちばん無難で、昔から行われている方法は、専門雑誌に商品情報を掲載することである。ブランドを愛好し興味を持っている消費者が手にとってくれそうな専門誌への掲載は効果がある。これらの情報の具体的な流れを図3-3に示した。

　最初の段階である「情報入手」とは、ブランドに関する情報を、TVや雑誌、友人の話などから手に入れることである。この段階では、先ほど述べたように、必ずしも正確な情報かどうか、自分にとって有用な情報かどうかはわからない。

```
情報入手（ブランドに関する情報をTVや雑誌、友人の話などから手に入れる）
        ↓
ブランドの認知（こんなブランドがあったのかと知ること、知識レベルで知る）
        ↓
ブランド検索（興味のあるブランドを実際に探してみる）
        ↓
ブランドの購入・使用・保持（ブランドの製品を購入して使用し、自身で持つこと）
        ↓
自己感性の確立（私にはこのブランドが似合う、気持ちよく合致していると思う）
        ↓
ブランド・ロイヤリティ【brand loyalty】の形成（自身のお気に入りのブランドができる）
```

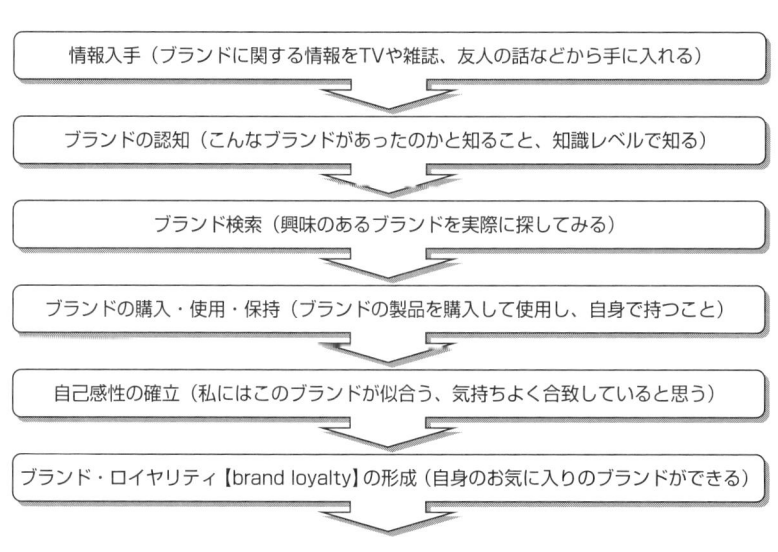

図3-3　ブランド・ロイヤリティが形成されるまでの流れ
出典：岡嶋隆三編『マーケティングの新しい視点』嵯峨野書院、2003年、p.39引用

次に「ブランド認知」として、こんなブランドがあったのか、と知るようになる。ただし、これは実際に手にとるわけではなく、知識レベルで知るのである。

　さらに、興味の赴くまま「ブランド探索」を経て、「ブランドの購入・使用・保持（ブランドの製品を購入して使用し、自身で持つこと）」の段階に進むのであるが、ここで初めて購入を通じて、品物を手にする。手にしたブランド品がよかったならば、次回への購入につながる。逆に、消費者が購入したブランド品に失望を感じたら、次回からの購入はない。この段階で、ブランド品は、その品質や機能を購入者から試されるのである。

　そして、「自己感性の確立（私にはこのブランドが似合う、気持ちとよく合致していると思う）」の段階に進むのである。感性には個人差が大きい。購入したブランド品が確かに自分の好みに合致していた場合は、自分の選択眼の正しさを確信し、自己感性の確立につながる。逆に、購入したブランド品が自分に似合わない、期待はずれな場合は、自分の選択眼に自信を失い、自己感性を問い直すことになる。なお、似合うとは、自分で似合うと自己評価する場合と、他者が似合うと判断する場合の2つのパターンがある。ここでは主に、自分が似合うと感じた場合を「自己感性の確立」と呼んでいる。

　最後の段階が、「ブランド・ロイヤリティ（brand loyalty）の形成（自身のお気に入りのブランドができること）」である。ロイヤリティとは日本語に訳せば忠誠心とか、愛顧とかという表現に近い。俗な言葉で言い換えれば、「ひいき」と呼んでもいい。ブランド・ロイヤリティが一度、形成されると長い間、それは持続する。そのブランドのファンとなった消費者は、自分用のみならず、ギフト用にも使用し、ファンを広げてくれる。しかし、いったんリコール隠しや製造月日偽装などの不祥事がおこると、ブランドに対する信用は一夜にして消滅し、長年培ってきたロイヤリティも失われる場合がある。ひいきしていただけに「可愛さ余って憎さ百倍」の心情が消費者に芽生えるのかもしれない。失った信頼を回復させることは至難の業である。

第3節 ブランドのとらえ方

　本節では、女子大学生がブランドをどのように捉えていたのか、に関する調査報告の一部を抜粋して紹介する。

　基本属性は、平均年齢20.1歳、月平均こづかい30,000円、1日平均インターネット利用時間40分、1日平均テレビ視聴時間45分、1年間にバーゲンに行く回数年平均2.2回、居住地は、大阪63％、兵庫12％、京都10％、奈良6％、滋賀5％、その他4％であった。調査人数500人、回収率70％（351人）であった。調査期間は2006年10月上旬、留置法を用いた。

　大きな質問事項は以下の3つである。

① ブランド品の方がノーブランド品よりも価値が高いと思う（はい・いいえ）
② ブランド商品のコピー商品を持つくらいならば、普通の鞄を持つ（はい・いいえ）
　※ここでいう普通の鞄とはノーブランドの鞄、紙袋、エコバッグなどを意味する。
③ 気に入ったブランドがある（はい・いいえ）

これらの質問に対して、以下の結果が得られている。

① ブランド品の方がノーブランド品よりも価値が高いと思う
　（はい85％、いいえ13％、無回答2％）
② ブランド品のコピー商品を持つくらいならば、普通の鞄を持つ
　（はい55％、いいえ43％、無回答2％）
③ 気に入ったブランドがある
　（はい72％、いいえ25％、無回答3％）

女子大学生の意識の中には、ブランド品は高額というイメージが強いことがわかった。また、「コピー商品でもよい」と思っている女子大学生が43％も存在することは意外である。騙されて購入するなら被害者になるが、自分自身が偽物であるとわかっているならば「よい」と考えているのである。日本人の約半数（47％）は、調査対象となった学生たちと同様に、コピー商品でも使用者が納得していればよいのではないか、と思っているという結果が報道されたことがあるが、由々しき事態といわなければならない。ブランドとは、長い年月をかけ培われた信用の証である。コピー商品を容認する考え方は、産業の育成を阻害していることになる。

　③の気に入ったブランドの有無を問う質問には、あると回答した女子大学生が72％であった。彼らの多くは、特定のファッションブランドを挙げていた。たとえば、ナイキ、コンバース、ユニクロ、ミュウミュウ、23区、ビームス、エトロなどである。女子大学生が対象であるのに、ルイ・ヴィトンやエルメスの名前が少ないのは、大学での普段使いにするには、それらのブランドは値段が高すぎるからである。ルイ・ヴィトンやエルメスに比べれば、エトロなどは比較的値段が安いラインを揃えており、学生にも購入の機会があると考えられる。

　女子大学生の心理としては、ブランド品は高額ではあるが、品質がよく所持していると自慢できる。しかし、あまりにも高額なものは、コピー商品でもかまわないと思っている。ただし、日常的に使用するものであるならば、中古品（リサイクル品）よりも、新品で手が届く値段のブランド品を好むのである。このようなことからも、女子大学生は、身の丈にあったブランド品を楽しんでいることがうかがえる。高額なブランド品にこだわらず、楽に身につけることができるブランドを好んでいることが、今回の調査からはうかがえるのである。

　なお、補足として、お気に入りのブランドを書き出させたが、1つだけを回答する学生はむしろ少なく、平均すると2～3つのブランド名があがっていた。これは靴ならばナイキやアシックスというようにスポーツ系で、セーターやシャツならユニクロで、というように、品物によってブランドを選んでいるからである。学生たちは、ブランド品もTPOで使い分けている。以

第3章 消費者心理からみたブランド

前のように、シャネラーならばシャネルの製品で衣服も鞄も靴もアクセサリーもそろえるということがなくなってきたのである。いわばブランド品を自由に組み合わせているのである。これは学生たちがおしゃれに関しても多様性をもって、自己にあうものをTPOに合わせて選んでいることを意味している。

第4節 リサイクル・ブランドに対する消費者意識（リサーチ結果）

　ここでは、リサイクル・ブランドに対する消費者意識について、大阪心斎橋で実施されたブランド・リセール市の調査結果を中心に報告をする。日時は、2005年9月22日から25日、心斎橋オーパきれい館（大阪市中央区西心斎橋1-9-2）である。アンケートのフェイスシートとして、年齢、性別、既婚・未婚、職業を質問項目としてあげた。調査対象者は、このセールに来場した人々である。9月22日には772人、23日には1178人、24日には1176人、25日には702人の合計3828人からの回答を得た。4日間の総売上は178,984,576円であった。

　以下に調査対象の年齢別分布と男女の人数を集計した（図3－4）。
　図3－4からわかることは、調査対象者の多くは20歳代であり、45％を占めていること、それから男女の比率をみると圧倒的に77％で女性が多いことである。20歳代は、大学生たちとも近い年齢である。女性だけを見る

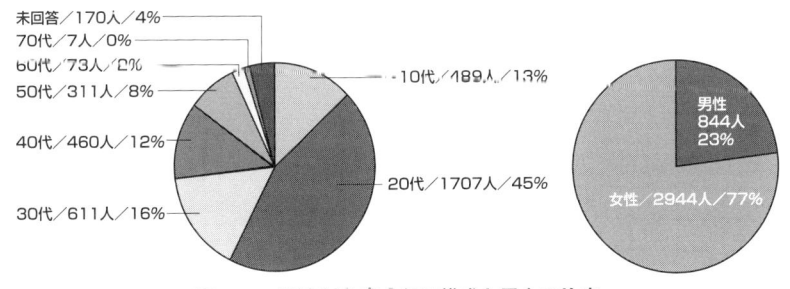

図3－4　調査対象者の年齢構成と男女の比率
出典：アスカリサイクル社編『2005年めちゃ得リセール市・報告書』より引用

と10代は13％、30代は16％、40代は12％、50代は8％、60代は2％となっている。

　一方、男性の来店客の場合の多くは、女性の同伴者であり、男性同士、あるいは男性が一人で来場することは少なかった。リセール市は、女性の方に人気が高いことがうかがえる。また、来場にいたる経緯は、心斎橋という場所柄、通勤や通学に便利は場所であるので、会社や大学の帰りに寄っていったのか、それともリセール市を目当てにわざわざ来場したのか、という両者のパターンが考えられる。

　次に、職業についての集計をみると、会社員が25％でいちばん多く、2位には学生が17％であった。未婚と既婚に関しては、未婚が54％で約半数であった。少なくとも、リサイクル・ブランドセールへの来場という点においては、既婚・未婚という差はないと言える（図3－5）。

　来店の動機・きっかけでいちばん多い理由は「目玉商品を買いにきた」であった。次には「目あての商品を買いにきた」であった。目玉商品は、今回のリセール市の中でも、特にお買い得品という形で主催側が提供する商品である。通常、非常に値段が安く設定されている。消費者にお得感をアピールする戦略である。消費者は、リセール市に来場して、実際に商品を目にしてから、その目玉商品を購入するかしないかを検討する。実物を手にも取らずに、安いからという理由だけでこれらの商品を購入することは少ない。もちろん、事前に広告はされているので、ある程度の品定めはできる。これは、リセール市に限らず、普通のバーゲンなども同様で、目玉商品を獲得したいと思う消費者が、開店前から行列をつくり、広告掲載商品の品質を真っ先に見定めて、先んじて購入したいと考える。これに対して、2位の「目あての

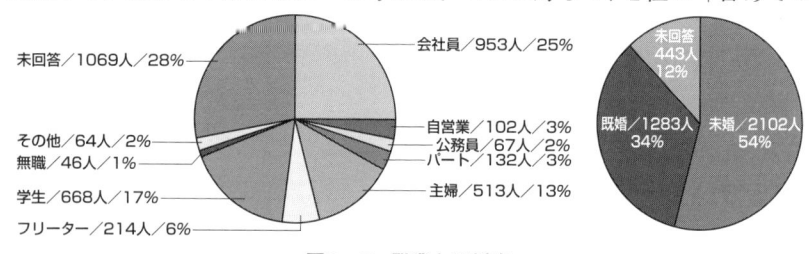

図3－5　職業と既婚率
出典：アスカリサイクル文化社編『2005年めちゃ得リセール市・報告書』より引用

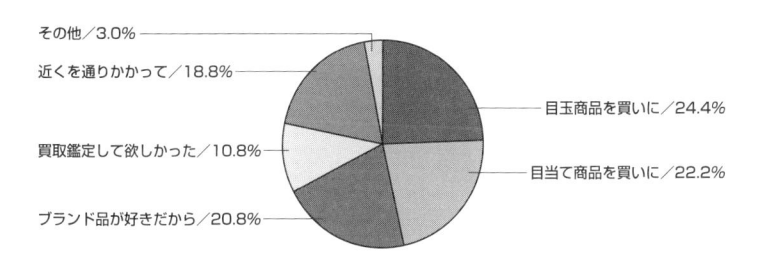

第3章 消費者心理からみたブランド

図3-6 来店の動機・きっかけ
出典：アスカリサイクル社編『2005年めちゃ得リセール市・報告書』より引用

好きなブランドは何ですか？

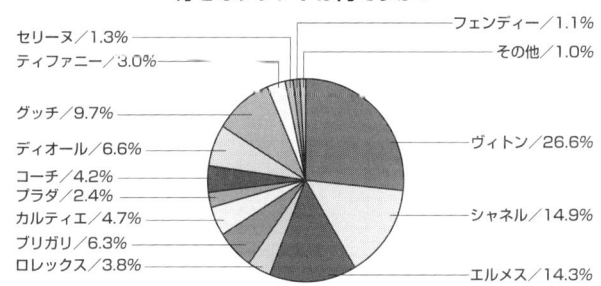

図3-7 好きだと来店客が回答をしたブランド名
出典：アスカリサイクル文化社編『2005年めちゃ得リセール市・報告書』より引用

商品」には個人差がある。ほしいと思う商品の具体像があって、それを狙いを定めてリセール市で購入しようと計画をたてているのである（図3-6）。

　来店者に、お目当てのブランドや好きなブランドの有無を尋ねた。その結果を図3-7に示した。圧倒的多数で、「好きだ」という人々が多かったのはルイ・ヴィトンであった。次に、シャネル、エルメスと続き、4位以下は1桁になっている。

　図3-8に示したように、実際に購入したブランドも、ルイ・ヴィトンが一番多く、36.7％となっている。これは、リセール市に出展するオーナーが、売れ筋のルイ・ヴィトンの品揃えに力を入れていた結果とも言えるかもしれない。

　また、シャネル、エルメス、グッチなど、海外の有名ブランドの鞄が人気があることは、これらのブランド品がもともと高額で入手が簡単ではないことがあげられる。中古品（リサイクル品）であれば気軽に購入できるという購入心理が働いたと推察できる。また、ロレックスの時計の売上が低いのは、

実際に購入されたブランドは何ですか？

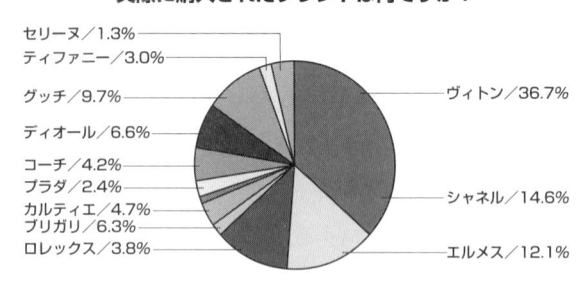

- セリーヌ／1.3%
- ティファニー／3.0%
- グッチ／9.7%
- ディオール／6.6%
- コーチ／4.2%
- プラダ／2.4%
- カルティエ／4.7%
- ブルガリ／6.3%
- ロレックス／3.8%
- ヴィトン／36.7%
- シャネル／14.6%
- エルメス／12.1%

図3-8　実際に購入したリサイクルブランド
出典：アスカリサイクル文化社編『2005年めちゃ得リセール市・報告書』より引用

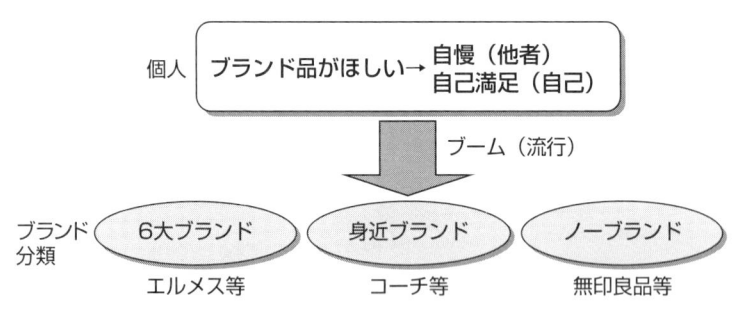

個人：ブランド品がほしい → 自慢（他者）／自己満足（自己）

↓ ブーム（流行）

ブランド分類：6大ブランド（エルメス等）／身近ブランド（コーチ等）／ノーブランド（無印良品等）

図3-9　リサイクル・ブランドに対する女子大学生の心理
出典：西村順二・石垣智徳編『マーケティングの革新的展開』同文舘出版、p.122引用

来店客の多くが女性であることの反映である。また、来場者の半数近くが20歳代であることから、ロレックスを愛用するには、まだ若すぎるという自己規制が働いた可能性もある。

　ちなみに、このリセール市に来場した女子大学生に対して、リサイクル・ブランドに対する意識調査を実施した。その結果をまとめたものが図3-9である。

　図3-9では、ブランド品がほしいという心理を2つに大別している。つまり、両者とも自分が素直にほしいと思うブランド品ではあるが、1つは、あくまで自己中心的な満足のために購入したい商品であり、もう1つは、他者の反応をみることによって自分が満足するために購入したい商品である。前者の心理は、たとえ他者がそのブランド品をどのように受け止めようとも、自分が気に入ればそれでよいという考えである。たとえば、ビンテージブラ

ンドの古着などに寄せる心理にはこちらのタイプが多い。モノの価値を自己の基準のみで判断するのである。これに対して、後者では他者に自慢したいという気持ちが優先される。よって、すべてが自分の好悪の基準だけではなく、世評が高いとか、プレミアがついているとかという購入理由が、他人にも共有できるタイプのブランド品でなければならない。

　すなわち、消費者のリサイクルブランドの購入心理は「他人の目」（アイシャワー）を重んじるか、それともあくまでも自己の基準を最優先するかで大別されるのである。

　次に、上のように大別された心理が、ブランド分類とどのような関係にあるのかを説明する。

　消費者がブランドを認知する大きな要因は流行である。これはブームとも言われることもある。こうした流行やブームによって、消費者は既存の6大ブランド以外にも、値ごろ感があるブランドや気軽に使いこなせるブランドを認知していくのである。特にファッション・ブランドは、数も多く、日本に進出しているブランドも多くなっている。後発組のカジュアル・ブランドなどは、雑誌やインターネットなどのメディアを活用し、いかに人々の目にふれることができるか、ブームを作り出すことができるかに躍起になっている。

　リサイクル・ブランド品の売上は、先にも述べたように、6大ブランドが一番多く、次に身近なブランドになり、最後がノーブランドになる。この結果は、新品の時の価格が高額で手が出ないから、中古品（リサイクル品）で間に合わせたい、我慢しよう、という希望の裏返しである。つまり、もし高嶺の花のブランドがもっと安価であれば、当然、新製品を買いたいと思っていることを示しており、リサイクル品というものは、環境を慮ったリユースの思想の実践などではなく、現在のところは単純に経済合理性にかなっただけの商品である方が多い。

　今後、リサイクル・ブランドが消費者にさらに受け入れられるためには、安い価格以外の魅力をいかに提供することができるかにかかっているだろう。そのためにもリセール市などを開催する場合も、値段の魅力以外の魅力をアピールできる品物が必要になる。消費者のニーズに合致した品ぞろえも必要になるであろう。

☆―注釈
1) 陶山計介：関西大学商学部商学科教授。博士（商学）。ブランドマーケティング研究の第一人者。主な著書に、『大阪ブランド・ルネッサンス』ミネルヴァ書房、2006年や、『日本型ブランド優位戦略』ダイヤモンド社、2000年などがある。訳本ではアーカーの『ブランド・エクイティ戦略』ダイヤモンド社がある。
2) 陶山計介・梅本春夫『日本型ブランド優位戦略』ダイヤモンド社、2000年、p.61引用。
3) 中島正之・鈴木司・吉松徹郎『図解でわかる　くちコミマーケティング』日本能率協会マネジメント協会、2003年、p.27の図表「ワントゥワン時代の4Pとは」を以下に引用した。この本では「顧客の「自分にとっての関係性や利便性」を満たす手法としてくちコミが活用される」（p.26引用）と説明されている。

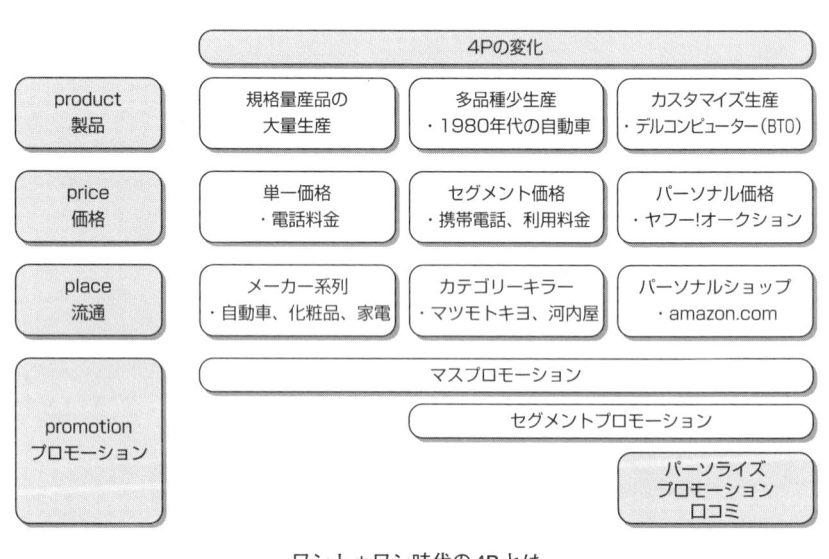

	4Pの変化		
product 製品	規格量産品の大量生産	多品種少生産・1980年代の自動車	カスタマイズ生産・デルコンピューター(BTO)
price 価格	単一価格・電話料金	セグメント価格・携帯電話、利用料金	パーソナル価格・ヤフー！オークション
place 流通	メーカー系列・自動車、化粧品、家電	カテゴリーキラー・マツモトキヨ、河内屋	パーソナルショップ・amazon.com
promotion プロモーション	マスプロモーション	セグメントプロモーション	パーソライズプロモーション口コミ

ワントゥワン時代の4Pとは

◎―参考文献
青木幸弘・岸志津江・田中洋編『ブランド構築と広告戦略』日本広告研究所、2000年。
アスカリサイクル社編『2005年めちゃ得リセール市』アスカ文化社、2005年。
伊丹敬之『場のマネジメント経営の新パラダイム』NTT出版、1999年。
岡嶋降三編『マーケティングの新しい視点』嵯峨野書院、2003年。
陶山計介・梅本春夫『日本型ブランド優位戦略』ダイヤモンド社、2000年。
中島正之・鈴木司・吉松徹朗『図解でわかる　くちコミマーケティング』日本能率協会マネジメントセンター、2000年。
西村順二・石垣智徳編『マーケティングの革新的展開』同文舘出版、2007年。

第4章

地域ブランドの構造

第1節 地域ブランドとまちづくり

1. 地域ブランドの意味

　一昔前まで、東京の一極集中化は、現代ほど進んでいなかった。地方には、自然環境の違いのほかに、言語、風俗、生活習慣など独自性が色濃く残っていた。しかし、昨今はどこの地方都市に行っても、街並みも、道行く人々のファッションも、飲んだり食べたりするものも、さして変わり映えがしない。交通網や物流が整備されたおかげで、よほど特殊なものでないかぎり、手に入らないものはないし、マスコミ媒体の発達で最新の情報にだれでも、どこからでも触れうるようになった。最近はインタラクティブなデジタル環境が各家庭や事業所に整えられ、世界はますます狭くなった。

　こうした物流や通信網の整備が人々の暮らしを変え、物理的なハンディに起因するモノや情報の格差を劇的に縮めていることは喜ばしいことといわなければならない。しかし、反面、日本全体が一色に塗りつぶされ、画一化が進み、首都圏にはない独自な文化が圧殺されている事実も否定しがたい。

　地域ブランドとは、画一化が着実に進行する地方に根付いたブランドのことである。地方といっても、山間僻地や寂れた漁村を指しているわけではない。ある程度の人口と地場産業を有し、首都圏とは違った歴史と伝統をもつ、インフラが整備された都市のことである。地域ブランドとは、そうした「都市」や「まち」を母体として生まれ出て、そのクオリティの高さで全国に名を知られた商品やサービスのことである。また、そうした商品やサービスから醸し出されるその地方の美点を、地域ブランドと呼び習わす場合もある。

　地域ブランドをつくるためには、地域の特性、あるいは地域にある資源を発見し生かすことが大事だ。地域がブランドを育てていくための資源は数限りなくある。たとえば、地理的な位置や、それにともなう気候や景観、土地柄を生かした農産物や工芸品、さらに地場産業も資源である。また、歴史や文化、県民性などもブランドの資源である。すなわち、ヒト、モノ、カネ、

第4章 地域ブランドの構造

そして情報が、あらゆるブランド形成の要素である。

2. 京都という地域ブランド

さて、京都である。だれもが知るように、京都は平安遷都から明治維新まで、長い間、日本の政治や文化の中心であった。いまでこそその地位を東京に譲り、一地方都市に甘んじているけれど、長い伝統に培われた王朝文化は、日本の文化の精粋を保っている。神社や仏閣などの文化財、祇園祭や葵祭などの伝統行事、そして京料理や町屋建築に代表される和風の美意識は、まさに超一級のブランドである。それは、繊細さであり、雅やかさであり、上質であり、あでやかさであり、先進性である。ここからは、京都を構成しているブランドと考えられるものを1つずつ例示していく。

①京様式企業（産業）

現在も京都に地盤をおく企業は、業種が違ったとしても、京都のブランドを体現している場合が多い。

現在の京都企業の、過去10年間の株主資本利益率(ROE)の推移をみてみよう。図4−1のセットメーカーとは、この場合、末松が選択した7社で日立製

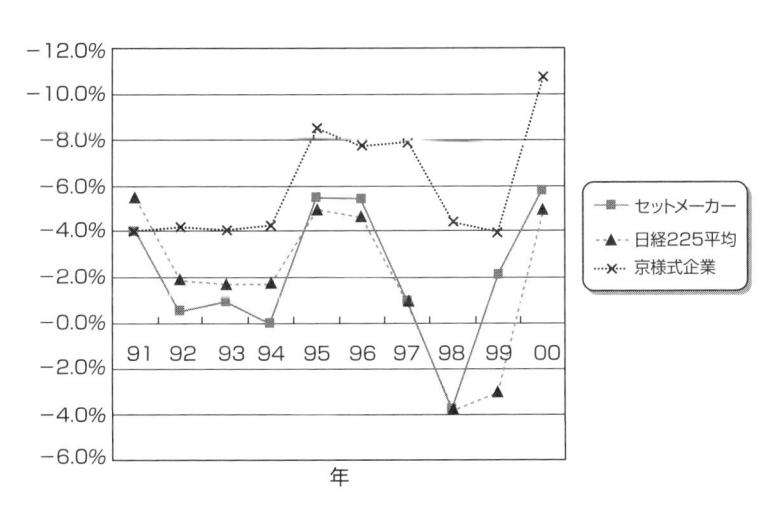

図4−1　京様式企業：過去10年のROEの推移
出典：末松千尋『京様式経営—モジュール化戦略—』日本経済新聞社、2002年、
p.22、図5「京様式企業：過去10年間のROEの推移」引用

69

作所、東芝、三菱電機、NEC、富士通、松下電器、ソニーである。これに対して末松が選択した京様式企業は10社である。それらは京セラ、ローム、日本電産、村田製作所、堀場製作所、オムロン、トーセ、ニチコン、日本電池、サムコインターナショナル研究所である。

　図4‐1からわかるように、京様式企業は悪い時もセットメーカーほど悪くはならない。これは京様式企業の自己資本の比率が高いことが原因であるとされている。好景気もあれば不景気もあるが、その波をいかにうまく調整して経営をしていくのか、波幅をいかに小さくしていくのかが企業にとっては重要な課題である。

　末松が選択した京様式企業の10社は地域ブランドというには、あまりに有名すぎる企業かもしれないが、企業の経営方針にもその地域の特性はあらわれてくるのである。末松は著書の中で、京様式経営の特徴を3つにまとめている[注1]。それらは次のとおりである。

・系列を否定し、自主独立路線を貫き、自己資本率が高い。
・最終製品にこだわらずに、一つの技術に特化している。
・その市場で、あらゆる企業とオープンな取引関係を有し、高いシェアを握っている。

②生き物（自然）

　さて、地域といっても、県レベルもあれば村レベルもあって、あらゆる地域をひとつでくくれるものではない。現代の大学生は、将来、ブランドに昇格する素質をもつ地域の資源を、どんなものとしてとらえているだろうか。ここで学生の意見をひとつ例示する[注2]。

ホタル

岩本　　聡

　私は京都の山科に住んでいます。山科は京都駅からJRで一駅のところにあり、山に囲まれた自然豊かなところです。私の家の近くには安祥寺川という川がながれています。この川には5月あるいは6月になるとホタルがあらわれます。川のほとりは、数えきれないほどのホタルが目

の前を飛びかい、聞こえてくるのは川の音だけという静かな場所です。地元の人は知っていますが、あまり多くの人々には知られていないので、観光名所にはなっておりません。昨今、自然のホタルが鑑賞できる場所は減ってきていると聞きます。自然のホタルを見られるということは稀な経験かもしれません。私のオススメの場所は洛東高校を東に20mほどいったところにあります。安祥寺川の上に橋がかかっておりそこに山科疎水が流れている場所があります。川から橋までは7、8mの高さがありその高さからホタルを見下ろすことができます。私はそこから見るホタルが一番好きです。

　山科はこれからもずっとホタルがすんでいける自然豊かなきれいな町であってほしいと思います。ホタルは特産物でも、工芸品でもなく、自然がはぐくむ命のひとつですが、安祥寺川にこれからもずっと生息し続けてほしいです。私にとってホタルは蛍という虫ではなく、山科の安祥寺川の大切な資源だと思っております。未来につなげていくべき、伝えていくべき資源だと思います。

▲———蛍を見ることができる安祥寺川は観光名所ではないが、学生の気持ちの中では、まぎれもなく名所であり、地元の大切な場所として心に刻まれている。

　さて、「新しい観光」ということがよく言われているが、それは地域ブランドを認めることではないであろうか。上記のホタルのように、有名な神社仏閣がなくても、素晴らしい場所であるということで、その場所を認め、螢をキーワードにブランド化がはかれるということである。ブランドになりうるべき資質は、日常の中にある。

③町屋（住）
　たとえば、京都の街に心ひかれるという学生がいる。彼は、とくに、名所旧跡に興味があるわけではない。ただ、昔ながらの街並や空気といった京都そのものが好きであるという。
　たとえば、町家が京都らしいと学生たちは言う。しかし、町家は京都だけに残っているのではない。東京にも大阪にも存在している。ただ、京都と違

って、町屋が祇園のように街区を形成しているわけではない。学生が、京都の町屋に魅力を感じるのは、町家とその周囲とが融合しているからである。

また、夕日を背中に黒々とした格子をもつ町家が京都という空気にとけ込むその瞬間が好きだという。これは雰囲気そのものである。雨にしっとりとぬれた町家がすばらしいという学生もいる。これは雨と町家という取り合わせの妙が京都らしさを演出し好ましいといっているのだろう。

町家とは「伝統的な都市型木造住宅」であり、第2次世界大戦前からの建築物である。最近は、この町家を再利用して、レストランやカフェ、あるいはエステサロンやギャラリー、古着屋など様々な店舗展開がなされている。町家がお気に入りの学生は「町家は外観は古くて落ち着いた感じがして、内装がそれぞれ工夫されてお洒落になっているのがよい」とその良さを説明する。住む人もなく放置されれば取り壊すしかない町家が、お洒落な空間にリフォームされて、学生受けする店舗になる。

町家は良いことばかりでもない。おそらくは、冬になれば薄暗いし、かなり寒いのではないかと思われる。また、ウナギの寝床と呼ばれるように、間口が狭く奥深いので、店舗として使用する場合には、工夫が必要である。中庭などを上手に演出するセンスも欠かせない。

町家が軒をつらねていると、そこに懐かしさを感じるという学生の感想もあった。そして、そこには、テーマパークでは得られない体験ができると言っていた。おそらく町屋の空間には、学生自身のあこがれや心を満たす要素感が含まれているであろう。普段の町並みを普通に見て、楽しんだり満足したりできることが「新しい観光」になるのかもしれない。ありきたりの風景の中に特別な思いを抱かせる要素が、まさに京都らしさといえよう。

④京都らしいカフェ（食）
以下に京都らしさを感じるカフェについての学生の意見を例示した。

空間の工夫・スターバックスのケース

堀　あゆみ

友達からスターバックスの京都三条大橋店は、雰囲気がとてもよいと

聞いていました。そこで2007年11月10日に、私はその店に行ってきました。私は大阪のスターバックスにもよく行きます。

　大阪にあるスターバックスはオフィス街などに多く、入り口がガラス張りという店が多いのに比べ、京都三条大橋店は、周りの木造の作りの店に馴染むように落ち着いた外観でした。鴨川沿いに店があるため店内の席のほとんどが鴨川に向けられていました。そのため他の店に比べると長細く造られていました。その日は、土曜日だったこともあり、鴨川と同じ高さの地下階と三条大橋と同じ高さの地上階がとても混んでいました。店員さんに聞くと、鴨川が望めるように造った窓側の席は人気があり、窓側に座るために待つお客さんもいるということでした。私もせっかくだから窓側に座ろうと思い、長い時間、席が空くのを待ちました。窓側の席が人気なので、窓はいつもキレイにしておくことが大事だと店員さんは言っていました。

　さて、店員さんに京都ならではの工夫について尋ねてみました。すると、以下のような話を聞くことができました。京都の夏の風物詩である納涼床が2006年の5月からスターバックス京都三条大橋店でも行われています。期間は5月から9月までの5カ月間で、6月から8月までは午後4時から10時まで、昼間の11時半から楽しめるのは5月と9月です。雨天時には中止です。お客さんの入れ替えをスムーズにするため、利用時間を1時間までにし、予約は不可とするなどの工夫をしているそうです。納涼床を出している期間には外国人のお客さんが普段よりとても多くなるとのことで、「『納涼床』日英文解説付きリーフレット」を店内に置いているそうです。この店は、8月16日に限り、五山送り火がよく見えるように、店内の明かりを消すなどの工夫もしているようです。大文字五山送り火を見ることが出来るのはこのスターバックス京都三条大橋店と隣の店の2軒だけだそうです。私は納涼床というと京都の料亭で、というイメージがあったのですが、納涼床を楽しむことができるスターバックスがあることを知り、驚きでした。また来年の夏はぜひ8月16日の大文字五山送り火の日に来てみようと思います。

　補足になりますが、2007年10月31日から京都市は、市内にあるセブ

ン-イレブン118店舗、スターバックス14店舗の計132店舗を「京都まちなか観光案内所」に指定しました。「京都まちなか観光案内所」とは観光マップなどを無料配布するミニ案内所のことです。観光客が気軽に立ち寄れる店舗で情報を発信することが目的です。案内所となるセブン-イレブンとスターバックスの各店では、市バスや地下鉄などの路線図を掲示するほか、カウンターなどにラックを置いて、京都市が製作した日本語と英語の京都観光マップやパンフレットをお客さんに無料配布します。店員さんも、観光客の問いかけに応じ、周辺観光地への道案内やおすすめスポットなどを紹介するそうです。私も観光マップをもらいましたが、とても分りやすく京都府を地域にごとに分け、主要となる四条や三条は大きく載せられていました。小さく折りたためて持ち歩くことができる上に、無料という心意気が素晴らしいと思いました。

同じ京都にあるスターバックスの中でもこの京都三条大橋店は京都という雰囲気を一番感じることができました。鴨川を望むことが出来るように作られた店舗作りや京都の行事に合わせた店舗での工夫、京都の観光案内のためのマップやパンフレット。スターバックスという店を全面に出すのではなく、京都の良さを全面に出した空間造りに力を入れているからこそ出来ることだと思います。

▲——ここで注意しておくべきことは、日常の中で、いかに工夫をしてその地域らしさを取り入れていくべきかということである。スターバックスは学生たちにとっては日常空間である。ただし、京都のカフエということでは、おそらく多くの名店が存在する[注3]。日常的な親しみやすさと京都らしさの融合を、学生は察知しているのである。

先にも書いたように、地域ならではの商品やサービスそのものを京都ブランドというのみならず、土地柄から醸し出されるその地方の美点を、地域ブランドと呼び習わす場合もある。地域ブランドを、地域の物産であるモノと結びつけて考えてしまうと、地域ブランドはおみやげ品に付随した付加価値そのものに限定されてしまう。上記の学生の例のように、スターバックスと

いう全国ブランドが、自身を溶け込ませ、一体化させた京都の習慣や風俗こそ、地域ブランドと考えられるのではないであろうか。学生が提案するように、京都にいかにとけ込むかということも、京都での商売には必要な工夫であろう。

　ブランドは、先の第1章で述べたように、他の商品やサービスからの差別化、際立ちというはたらきを有しているものである。鴨川のほとりというスターバックス京都三条大橋店は、大阪とは異なる地の利を有している。それだけで十分、他店との差別化に成功している。物産でも同様である。漬け物は大阪にもどこにでもある。しかし、京の漬け物は、他地域の漬け物とは格の違うものである。千枚漬けだけではなく、みず茄子の漬け物にしても、しば漬けにしても、京の風土が育んだ長い伝統の味が想起されるのである。もちろん、看板倒れのまずい京漬け物もあるにちがいない。しかし、京の漬け物は別格と、多くの人々に認識されているのである。地域の人々が「土地を代表するものだ」という自覚がなければ地域ブランドは育たない。また、他地域の人々が、ある地域の名前から、特定の産物や商品を想起できなければ地域ブランドではないのである。地域ブランドは、地域が育てるものでもあると同時に、他地域の眼差しが育てるものでもある。

第2節　京都ブランドのアピール方法

　2004年11月22日付日本経済新聞朝刊29面に、京都経済特集が組まれていた。そこには次のように「京都創造者憲章」が掲載されていた。

　　「私たちは京都のこの風土と歴史のゆたかさをとうとび、ここにたくわえられた知恵を今日に生かし、明日に伝える。」

　ここで着目すべき点は2つである。風土と歴史、それからたくわえられた知恵である。

　風土によって、たとえば農産物も異なってくる。その土地のなりたち、歴

史によって、同じ食材であっても調理の方法や食べ方も異なってくる。このように考えた場合、独特の風土や歴史にささえられた京都ブランドを、他の地域が真似ようとしても不可能である。しかし、京都のみならず、各地方の「たくわえられた知恵」を生かしていくことはできる。

　では、京ブランドはどのように「たくわえられた知恵」を他地域に発信しているのだろうか。たとえば、春や秋の季節ごとに観光を取り上げる雑誌には、必ずといってよいほど京都の特集がなされている。これは京都に神社・仏閣が多く存在するだけの理由ではない。京都に蓄えられた知恵を、雑誌が特集しているのである。したがって、京と名の付いたものなら、たとえ平安神宮の桜も高尾の紅葉も掲載されずとも、京のブランドを醸し出すことができる。京都の知恵は、京都の日常から生まれた工夫である。それは衣食住のどこにでも存在する。

　たとえば、食にしても、和食に少し京都の知恵が加われば、京料理になる。もちろん、京料理は、京都の地元で生産された野菜などを、ふんだんに使用しているからこその京料理かもしれない。しかし、それ以上に京都の知恵は重要な役割を担っている。京都らしさをつくるための演出に、京都のもろもろのアイテムが活用される。料理を盛る器、皿、椀、箸置きなど、細部にわたるこまやかさが、京都らしさを醸し出す。また、部屋のうっすらとした照明や華奢な建具のつくり、中庭の趣もそうである。これらの総合的に組み合わせ、誰の心にもある京都の表象を喚起するのである。

　実際には、雑誌だけがこのようなアピール方法をとっているわけではない。

　京都が奥深いとか、あきないと言われる要因のひとつには、知恵で勝負していることがあげられる。知識は事実であるが、知恵はどんどん新しくわいて出てくるものである。時代にあわせて提案できるのである。それは、どのようにすれば、この神社のことを理解してくれるのか、つまり、どのようにしたら他府県からの観光客に正しく理解してもらえるのかということを考えているからである。単におもしろいとか由来だけの説明ではなく、背景にあるものを正しく理解してもらおうという努力であり、工夫なのである。それは顧客（観光客）にこびているのではない。正しい理解を求めているのである。

　京ブランドのアピールは、商品にしてもサービスにしても、正しい理解を

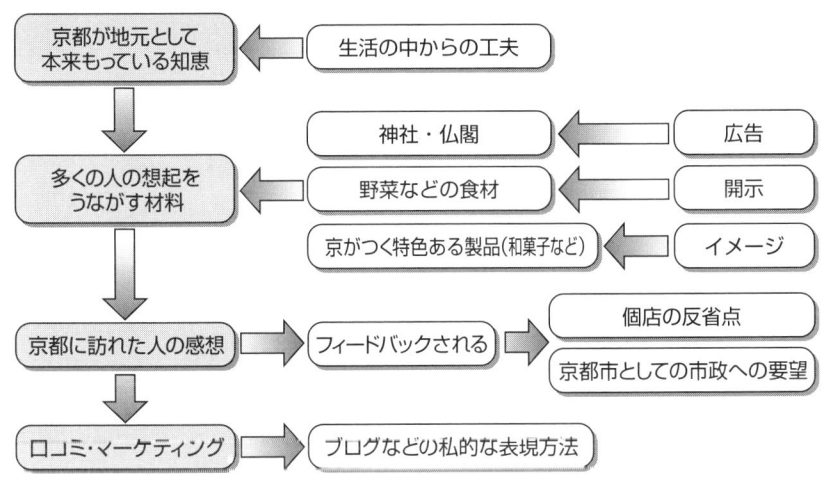

図4-2　京都をアピールする方法（著者作成）

求めることが原点かもしれない。目の前にあるものを、あるがままに適性に評価し、価値を認めている。だから、何でも「売れればそれでよい」という姿勢ではない。ただ、これが時々、不親切であるとか、高慢な態度であるとか言われる原因かもしれない（図4-2）。

第3節　新しい地域ブランド創出の工夫

　京都市では、「商い修得型」と「商い実践型」の2種類を用意して、新しい京商売を支援する態勢作りを進めている。前者の「商い修得型」の新商売を提案して、京都市の認可を受けた個店主は、新風館（京都市中京区烏丸通姉小路下ル場之町）の中庭で1年間のワゴン営業が可能になる。一方、後者の「商い実践型」の認可を受けた個店主は、市内に店舗をかまえる際に京都市から財政的支援を受けることができる。公募だから、多くの人々に応募機会が均等にある。

　新風館では、年に1回、審査の結果が発表され、京都市の支援を受けるこ

とになった店の認定式がある。その行事に参加をした学生の感想を、以下に2つ紹介をする。

こだわりを商売にする人々

千本茂弘

　私は、京都の市営地下鉄烏丸御池下車すぐの新風館に行きました。そこで2007年度の京都市商業ベンチャー・インキュベーションショップの認定式があったからです。これは略称VISと呼ばれており、新しい商売を支援するシステムです。この企画は、京都という場所で、これから自分が考えた商売をしていこうとする新しい商売人を育てる目的だと聞きました。新風館で1年間のワゴンでの営業を終えた後は、アクセサリー、衣服、鞄、帽子、照明器具、木製玩具など多くの店が独立して市内で店舗をかまえられたそうです。

　今回、修得型として、新風館でこれから1年間営業をされる「京都たまゆらん」のオーナーにお話をうかがう機会がありました。この店は手作りの石けんが主商品です。無添加という環境にも人にもやさしい商品です。私は個人的には石けんに興味がありましたが、京都とは結びつきませんでした。

　お店のオーナーさんは、若い女性で、私たちとあまり年齢が変わりません。彼女は石けんは薬事法の関係で雑貨扱いであること、環境問題についての情報など、私たちの知らないことを丁寧に説明して下さいました。何よりも、石けんが手作りで、合成保存料や着色料を一切使用していない無添加へのこだわりに感動しました。それも環境を前面に出しているのではなく、ご自身のこだわりとして、とらえられていました。

　商品の種類は、黒糖、酒かす、よもぎ、抹茶、米ぬかなどがあり、これらのひとつひとつに、美白効果やアトピー肌にやさしい効果があるということです。商品のターゲットは、肌の弱い方々や小さいお子さん、お年寄りの方々ということでしたが、このような商品は、若い女性にも、学生にも受け入れられるのではないかと感じました。

　お店のスタイルとしては、モダンな石けんというよりも、こだわりを

もつ昔ながらの製法の石けんという感じです。京都町屋におけば、似合いそうな石けんのパッケージでした。私は、このオーナーの石けんへのこだわり、しかも素材と製法についてのこだわりに共感しました。売れれば何でもよいというのではなく、コンセプトと信念をもって、お客様に商品を提案するという態度は、立派な商売人の魂だと思います。信念とこだわりが、新しい京都のブランドを創出していくのだと思います。京都市の新しい試みがこのように、こだわりをもった商品を生んでいくのだとも思いました。この石けんは、きっと新しい京都ブランドになりそうですし、そうなってほしいと思いました。

▲───上記の店舗は、こだわりと商品を結びつけた結果「商い修得型」の店舗に選ばれた。報告者の学生は、営利だけでなく、環境や人体に配慮した石鹸作りに信念をもって取り組む店主の姿勢に強く惹かれた。学生たちは、こだわりの商品に、本物を感じている。職人芸的な頑固さを、若い彼らが評価をしているのである。学生たちは流行が好きだといわれる。流行には新鮮な刺激や驚きがあるからである。しかし、刺激的であればなんでもいい、内実はともなわなくとも新しければいい、とはけっして考えていない。流行していても、ちゃらけたものには満足しない。確かな技術に裏付けられたもの、明確なコンセプトに根ざしたものに、高い評価をくだす。見た目の新しさだけを追い求め、こだわりを欠いた商品は粗悪であるし、何よりも学生たちの共感を呼ばないのである。

「VIS京都市商業ベンチャー・インキュベーションショップ」
―京はんなり―

萩原　れみ

　私は2007年9月29日土曜日に、京都・新風館で行われた「VIS京都市商業ベンチャー・インキュベーションショップSTARTING　CEREMONY」に参加させて頂きました。そこで〝商い実践型〟で新風館にワゴンショップを出すことのなった「京はんなり」の店主にお話を聞きました。店名の〝はんなり〟とは可愛らしいという意味だということです。

名前の通り、お店に並ぶ商品は和柄で可愛らしいものでいっぱいでした。
　出店を京都に決めた理由としては、京都には昔ながらの文化があり、技術もすばらしいため、職人さんや、あるいは職人さんではなくても、たとえば一般家庭の主婦の方でも高度な技術をもっていて、デザインなどの相談も容易にできる点などが大きな要因になったということでした。
　「京はんなり」に置いてある物は全てが手作りで、ストラップ・鞄・帽子など商品に使う生地は全て自分たちで買い付けをされておられます。この生地の素材選びがポイントです。色・柄を重視し、着物が持っている独特な色合いや和柄にしかない色を選ぶことだそうです。また、「京はんなり」の商品は全体に和柄はいれずに部分的に入れるというのが特徴です。着物離れがある世の中、昔の着物を今風によみがえらせ、部分的に和柄を取り入れることにより、若い人にも気軽に持ちやすく、ファッションに取り入れやすいものをつくりたいと言っておられました。確かに全体的に和柄を入れるよりも、部分的に和柄を入れたほうがファッションにとり入れやすいし、ちらりと見える和の雰囲気がすごく可愛いと思いました。置いてある商品の中には、かんざしもありました。来年に成人式を迎える私たちには興味がある商品でした。和の文化が薄れていると言われている中で、少しずつでも「和」を残し、取り入れていくことが、若い人々にも興味を持ってもらえる方法であると思います。世界ではジャパン・クールが注目されているというニュースがありました。その主力はアニメであったり、コミックであったりしますが、「和」のテイストもぜひ世界に紹介してもらいたいと思います。そのためには、京はんなりの商品のように、和のテイストを入れ込んだ商品開発も必要なのではないでしょうか。

▲───このように、学生たちは彼らなりに、こだわりをもった店や、和のテイストを盛り込んだ店に興味をもって、そのコンセプトや商品特徴をリサーチしている。ここでの共通点は、学生たちが「和」に興味を持っていることと、京都には「和」のイメージがあって、それらと商品を強く結びつけているところである。

第4節 和のブーム

　ブームとは「①にわかに需要が起こり、価格が暴騰すること。にわか景気。②ある物事がにわかに盛んになること」とある（『広辞苑』p.2075）。
「京都ブーム」という言葉は珍しい言葉ではない。たとえば、日本経済新聞夕刊19面（2007年7月6日）には、「団塊"京都ブーム"映す－昨年の市観光客6年連続最高－」という見出しの記事が掲載されていた。この記事の内容を少し紹介する。

　「京都市は6日、2006年に国内外から訪れた観光客数が前年比2.4％増の4839万1000人となり、6年連続で過去最高だったと発表した。団塊の世代を中心に中高年層の間で京都観光ブームが定着、リピーターも増加していることが寄与した。（中略）訪問地（複数回答）の首位は20年連続で清水寺で、2位は嵐山、3位は金閣寺と続いた。」

　この現象を京都市産業観光局は「団塊世代の定年退職が始まり、京都ブームを後押ししている」と説明していると掲載されていた。
　「京都ブーム」にかぎらず、ブームというものは、突然わいてくるような印象があるがそうではない。ブームには必ず前段階が存在する。ある事柄がブームになるためには、それが世間に十分認知され、共通の理解が進んでいることが条件である。また、世間の関心度の高さも必要になる。ここで、簡単な実験をした結果を述べる。この実験から、認知度、理解度、関心度が何であるのかが明確になるであろう。

実験1：商品と三都（京都・大阪・神戸）
実験概要
期日：2007年5月中旬

場所：追手門学院大学研究棟5階辻幸恵研究室
対象：追手門学院大学経営学部3回生18名、4回生16名の合計34名
方法：傘（和傘、洋傘）、菓子（和菓子、洋菓子）、Tシャツ（ぶうでん、キャラクター）、手提げ袋（A4縦長の赤色単色と黒色単色）を見せて、以下の質問に回答をする。これらの品物はすべて東京で入手したものである。

①京都、大阪、神戸のどこで買ってきたと思いますか？（三都ではない場合はその他と回答下さい）またその理由は何ですか？
②この商品をあなたなら、次のどの地域のブランドとして育てたいですか？（具体的に都市名をあげる）京都、大阪、神戸、その他、またその理由は何ですか？

〈結果〉購買場所は京都、大阪、神戸の順番で記載をした。以下に一覧表として結果を示す。

図表　購入予想場所とその理由

和傘	京都	21名	和傘は京都というイメージが強い。あまり他地域にはない気がする。
	大阪	0名	なし
	神戸	13名	和傘でも色使いがおしゃれなのでレトロっぽい。
洋傘	京都	4名	色づかいが優しい感じがしたから。どことなく上品だから。
	大阪	3名	若者向けの気がしたから。おもしろい柄だから。
	神戸	27名	おしゃれな柄から神戸っぽいと思った。モダンだから。
和菓子	京都	29名	和菓子は京都とイコールだ。京らしさがある。京菓子っぽい。
	大阪	2名	まんじゅうの元祖の店もあるし、大阪は食道楽だから。
	神戸	3名	神戸にも和菓子が似合いそうだから。お洒落な和菓だから。
洋菓子	京都	4名	京都でもクッキーのイメージはある。小さくて上品だから。

     大阪　10名　大阪は食い倒れの町だし、食べ物は大阪の方が豊富だから。
     神戸　20名　神戸といえば洋菓子。神戸って外国っぽいから。おしゃれだから。

Tシャツぶうでん
     京都　 9名　和柄と紺色や緋色のバランスが京都らしさを出している。
     大阪　22名　変わったTシャツでユニークさを感じ、そういう所が大阪っぽい。
     神戸　 3名　図柄は和風であるが、上品だし、デザインがどこか洋風だから。

Tシャツキャラクター
     京都　 8名　アニメと京都のミスマッチが、よけいに京都かもしれない
     大阪　16名　こういうえぐいキャラクターTシャツは大阪人らしい。
     神戸　10名　だいたんなデザインなのと明るい感じ神戸らしい。

手提げ袋（A4縦長の赤色単色）
     京都　 4名　赤色単色が京都らしい。
     大阪　25名　はでな赤が大阪人らしい。
     神戸　 5名　明るい赤が神戸らしい。

手提げ袋（A4縦長の黒色単色）
     京都　 3名　黒一色が京都らしい。
     大阪　 5名　こういうシンプルさも大阪人らしい。
     神戸　26名　だいたんに黒一色が神戸らしい。

実験2：神社仏閣内の仏像と色彩

　以前、奈良時代や平安時代の仏像を、その完成当時の極彩色で復元したらどうなるのか、というTV番組があった。実験は、復元された堂内の柱や天井などの様子がかかれた三千院の絵はがきや、オレンジ色に体躯を彩色された興福寺・阿修羅像の絵はがきを数点用意をし、これらを学生たちに（女子6名、男子6名）に同時に見せた。そこで、1) 彼らの率直な感想を尋ねた。2) 現代に通じているものは何かを尋ねた。

〈結果〉
1．率直な感想
◎女子大学生
　①とにかく、こんなに派手だとは思わなかった。
　②色彩豊かというよりも、むしろ毒々しい感じすらする。
　③阿修羅像がこんな色だったなんて、はじめて知った。くすんだ色は年月だったのか。
　④朱色の柱、紺碧の天井、これが極楽浄土なのかもしれない。
　⑤仏像が黄金色に輝いていたら、それはみごとに極楽だったでしょう。
　⑥今は古いが、昔の人は心躍る気持で金色や緑の天井をみていたのかもしれない。

◎男子大学生
　①すごい、すごいとしか言いようのない派手さだ。原色はきつい色だが迫力がある。
　②阿修羅像のすごさは、この色の方が伝わる。茶髪なんてかわいいもんだ。
　③現存するものを、復元して金色にした方が、当時の人々の考え方がわかると思う。
　④心落ち着く場所なんてとんでもない。この色なら心躍るのではないか。
　⑤極楽は黄金色で、すべてが黄金だったと考えられていたのかもしれない。
　⑥わび、さびとはほど遠い世界だ。今の色彩感覚に近い。前衛絵画と同じだ。

2．現在に通じているところは何か
◎女子大学生
　①唐草模様というか幾何学模様は今もかわらない。
　②草が緑で花々が赤や橙色というあたりは同じだと思う。
　③流れるような衣の様子は今のドレープと同じだと思う。
　④動きがリアルに表現されているのは、今のアニメとかと同じだと思う。
　⑤キャラクター的に阿修羅とかインパクトがつよい。これは今も同じだ。

⑥ハンサムで少し女性的な顔がもてるのは、今のキムタクと同じだと思う。

◎男子大学生
① 天女の衣の白と赤の衣装、これは今もよく見るパターンだと思う。
② 炎の形をした後背だが、これはよくアニメなどでオーラとして使っている。
③ バリエーションがあるというのは、キャラクターではよくある話だと思う。
④ ストーリーがしっかりしていて、わかりやすいというのは広告手法と同じだ。
⑤ 色彩の強さは、むしろ現代的だと思う。西洋絵画の色彩だと思った。
⑥ 前衛芸術のような雲の形だと思う。

　我々の目の前にある神社や仏閣は、長い年月を経て、古びて破損したり色あせたり黒ずんだりしているものが多い。造立された当時の色彩とはあきらかに異なっている。また、建築物の内部にしても同様で、長い年月のうちに、彩色がはげてしまったものも多い。現在のデジタル技術をもってすれば、当時の色に復元された像をみることは可能である。バーチャルの世界だか、作られた当時の大きさも実感できる。火災や戦災によって、規模が小さくなっている神社や仏閣も多いからだ。

　建立当時の素晴らしい色彩や、黄金色に輝く仏像は、今の大学生にはショッキングな色だった。教科書で習う神社や仏閣は、奈良時代や平安時代の最新モードだった。抹香くさい仏教でさえ、古人には新興宗教だった。静謐とか寂滅とかとは程遠いまがまがしい仏像やお堂が、若い学生には新鮮に映ったのである。

　多くの場合、若い大学生が神社や仏閣や仏像に興味を持つことはない。興味以前に、それらが、何のために何時ごろ誰によって作られて現代に受け継がれているか、と知ることも少ない。仏像など、現在に自分の生活や感性には最も縁遠いものと思いこんでいるのである。ここで誠心院にある二十五菩薩についての感想を書いた学生の文章を紹介しておく。

誠心院

川瀬　琢也

　京極通りを歩いていると、誠心院というお寺がありました。入り口は小さな塔のようになっていました。最近、外側を修繕したようで、古い感じはせず、色彩も建物も綺麗でした。門をくぐり中に入ると、中は入り口とはちがい歴史を感じさせる古い雰囲気がありました。ずっと奥には墓地があり、その手前には、石でできた観音像があり、その隣には少し小さめの菩薩像が25体ありました。これは二十五菩薩と呼ばれております。二十五菩薩を最初に見たときは、たくさんの仏像が不気味に感じました。しかし、よく見てみるとその一体ずつが、いろいろな楽器を持っているという特徴があり、とても変わっているなと思いました。菩薩が楽器をもっているとは思ってもみなかったからです。私のイメージの中では、菩薩、いわゆる仏はあの世とこの世を結びつけるものであり、信仰の対象であり、日常の生活とは遠い存在でした。つくられた当時からこれらの菩薩は楽器をもちながら、人々の近くで存在していたのかと思うと、少し親しみも感じました。

第5節 インターネットの普及と京都の商品

　よその土地に行った時におみやげを購入するのは、その土地の良さを他の土地へ持ち帰り、旅の思い出と共に、それらを味わったり、見たり、さわったり、あるいは使用したりするためである。それらはその土地に行かなければ手に入らなかったから、貴重品であった。ところが、最近は全国の名菓や特産品が通販やインターネットで労せず手に入るようになった。京都の商品も例外ではない。以前だったら、寺院の門前や老舗の棚でしか手に入らなかった京都ならではの品物が、東京駅のキオスクや新幹線の中でも買えるよう

になった。工芸品もお茶も漬け物もみなそうである。

　このことは、京都の商品にあこがれる消費者にとっては、たいへん便利である。また、京都の店舗にとっては、遠方の顧客のロイヤリティを形成する手段でもある。特に若者たちは、インターネットで様々な商品を手に入れることが苦ではない。大学生たちも、気に入った商品があれば、インターネットを活用して、手にいれていることが多い。京都でしか買えなかったものが、居ながらにして手に入るとなれば、若い世代はなんの抵抗もなくインターネットを利用するであろう。

　実際に、京都の商品をインターネットで手に入れることは、もはや特別なことではない。YAHOO! JAPANやGoogleに「京都みやげ」と検索をかけると、お茶、せんべい、和菓子、民芸品、工芸品など、次々にカテゴリー別にページが展開する。こうしたネット環境に即応した京都製品のマーケティングについて、学生たちはどのように感じているのかを、以下にまとめた。これは2007年4月下旬に関西圏にある私立大学生3回生150名（男子92名、女子48名）に京都に対する調査をした結果である。ここでは京都に関連する部分だけを抜粋して紹介する。

　まず、インターネットを利用して京都の商品を購入することに賛成者は全体の83％であった。賛成する意見の例を以下に列挙した。

①便利でよい　②簡単でよい　③気楽でよい　④準備がいらない
⑤何回でも手軽に購入できる　⑥はずかしくない
⑦季節ごとに菓子などは楽しめるし、行く手間も交通費もないから経済的
⑧ホームページをもっている店もあって、日々の情報もわかる
⑨知らない商品ラインもわかる　⑩見る楽しみがある　⑪煩わしくない

　反対に、インターネットを利用して京都の商品を購入することへの反対者は17％であった。反対する意見の例を以下に列挙した。

①日常品などは便利で購入してもかまわないが、京都の品を京都に行かないで購入するのは、気分がのらない。それは京都の品ではない

②京都に行って自分で選ぶからこそ、京都の雰囲気がわかる
③何でもインターネットがよいとは限らない。風情がないように思う
④商品にありがたみがないような気がする
⑤できれば、京都に行って、購入した方がよいと思う

　見てのとおり、反対意見の共通点は、「京都に行くからこそ京都の商品に価値がある」と考えていることである。一方の賛成意見では、インターネットの便利さが共通してあげられていた。もちろん、どちらが正しいというわけではない。それぞれの言い分はある。便利さを優先するときもあれば、京都の空気や風情を優先したい時もある。

　短期的な営利追求を最優先する発想からすれば、京都の商品がインターネットで販売されることは悪いことではない。インターネットで商品の良さを実感した顧客を、実際に店舗まで誘導することも可能だし、固定客の開拓につながる場合もある。新しいお得意先も生まれてくるであろう。または、おそらくは増加するであろう。顧客の範囲も全国的に拡がりを見せるにちがいない。歩いて来られる距離ではなく、そうそう京都にも足を運べない地方の人々にとって、インターネットで"京都が買える"のは福音だろう。最近はクール宅急便など、冷凍輸送技術も発達しているので、食品を遠方まで送っても大きな問題はない。また、時間指定もできるので、夜間の配達も可能である。

　現に、京都だけではなく、北海道にしても、長崎にしても同じである。日本全国、どこからでも、商品をインターネットにのせて、消費者に提供できるし、買う側はどこにいても購入の機会はある。便利さを優先させた購入がよいのか、その土地に行ってそこで買うからこそ価値があるのか、それは消費者の考え方次第である。

　ここではインターネットの普及によって、京都の商品が、従来とは異なる方法で、全国に発信されているという事実のみを記しておく。

第6節 京都ブランドの2つの視点

京都ブランドの2つの視点[注4]からみると、以下のようにまとめることができる。

①統合的な地域のイメージ

総合的な地域のイメージを構成する具体的要因として、グローバルの中で日本とイコールとされる部分がある。イメージ図は以下の通りである（図4-3）。多岐におよびそれぞれが相互に密接に関連がある。

総合的というとおり、歴史、文化、工芸、芸術、自然、言語とあらゆる分野に、京都らしさがある。そして、それぞれが京ブランドを構成できる可能性がある。

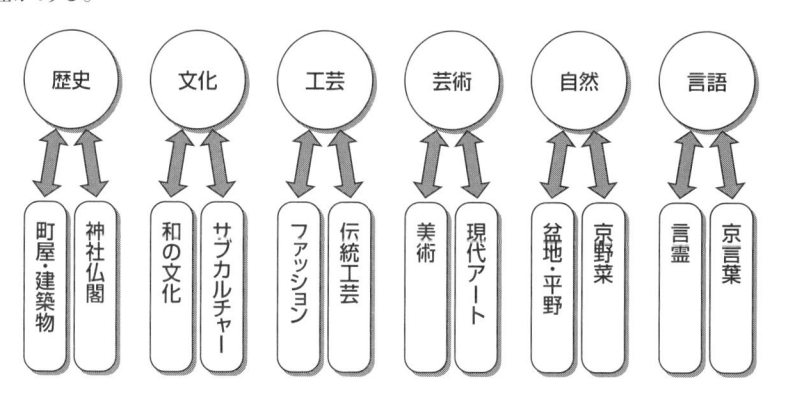

```
歴史      文化        工芸         芸術       自然         言語
 ↕        ↕           ↕            ↕         ↕           ↕
町屋・建築物/神社仏閣  和の文化/サブカルチャー  ファッション/伝統工芸  美術/現代アート  盆地・平野/京野菜  言霊/京言葉
```

図4-3　京都を構成する要因のイメージ図（著者作成）

②個々の企業や老舗の個性としてのイメージ

その店だけがもつ独特の技術や感性に、他から見ると非常に京都を感じさせるものがある。それは和菓子の老舗であったり、竹細工の老舗であったりと、業種も様々であるが、どの店にも京都が根強く生きているのである。

まず、次の学生の文章を一読していただきたい。

京都が誇るブランド、京野菜

大槻　誠

　ブランドと聞くと、どうしてもバッグや財布、アクセサリーを思いつく人が多いと思う。しかしそれらとは異なるブランドがある。それは京野菜である。野菜はどこの産地もあまり変わらないのではないかと疑問に思えるであろう。産地によって大きく味が変わらないのではないかとも思う。しかしそのような考えをも払拭してしまうのが京野菜である。

　京都は地理的に海から遠いことから魚介類の入手が難しかった。また、多くの寺社による精進料理が発達した。そのために、味わい深い野菜が育成され続け、作られた品種もたくさんある。しかし栽培や収穫に手間がかかるため、効率を求められる現在では、次第に農家が敬遠してしまった。そしてついには一部の品種を絶滅させてしまった。そのことをきっかけにして、京都府が34種を「京の伝統野菜」として選定したのである。京野菜は見た目が変わった形のものが多いが、栄養面では一般的な野菜を上回るものが多い。日本料理に使用されるだけではなく、フランスやイタリアという外国にも京野菜の知名度が高まり、それらの料理にも多く使われている。フランスやイタリアでは京野菜の中では九条葱などが有名であるという。

　さて、ただの野菜に「京」がつくだけでなんとも高そうで、特別においしそうに聞こえてしまう。実際には先に述べたように味も良いのだが、「京」ブランドの人気は高く、「京」という一文字つくだけ、付加価値がつく。京都というのは華やかで雅なイメージがあり、野菜にそのようなイメージをつけるということは、まるで京都の良い所を全部食べているという気持ちになれるからだ。華やかな京都であるからこそ、こういったブランドイメージは生きてくるのだろう。もしこれが北海道であるならば「北海道野菜」とでも名付けられるかもしれない。それならば、のびのびと育って太陽をいっぱい吸収しておいしくなった野菜、という感じがする。他には北海道といえばジャガイモだというイメージがわく。いうなれば地域そのものが一つの食物ブランドとしてのカテゴリーを形

成しているということになる。その中でも京都は伝統が語り継がれている町なので「京野菜」というのは伝統を頂いているというイメージがわく。伝統＝高級というイメージがわき、さらにそれが京野菜ブランドとして確立していっているのだろう。

▲───印象は瞬間的なインパクトであるのに対して、イメージは心像である。イメージには、ある程度の想起と再現性がある。俗にいう「顔が見える企業」「店の顔がある」という表現は、インパクトではなくイメージについて言われているのである。この学生は、京野菜を通して、京都ブランドのもつイメージの豊かさ、深さを感じ取っている。

　日経経済新聞2006年10月28日付によると、地域ブランドとして、京あられと京おかきが認められたという。しかし、京みず菜や九条ネギ、加茂なす、聖護院だいこんなどの京野菜は、特許庁の地域団体商標登録には名前が挙がらなかった。登録されなかった主な理由としては、みず菜は関東でも生産されていること、京野菜の産地は京都以外にも広がっていることの2点であるという。

京言葉

藤村　将

　京都と大阪は、同じ関西圏であり、地理的にも近い場所にある。しかしながら、言葉に関しては違いが大きいと言える。もちろん第2次世界大戦中に大阪市内は、空襲でやかれ、京都市内はあまり空襲がなかったこともあり、他地域からの人口流入の違いもある。生粋の大阪弁がどれくらい京都弁と近いのかと言われるとそれは定かではない。私が、これから述べるのは現在、私たちが耳にする京言葉と大阪弁の違いである。もともと古来には京言葉や京都弁は、京都府の山城地方で話されている方言であったとも伝えられている。古くは京談ともいう。京阪式アクセントとも呼ばれている。よって、本来の京都弁は、大阪弁とはアクセント自体が異なり、同じ近畿圏内でもかなり異なったものであったらしい。しかし現在のところその京都弁を話す人々は稀になってしまっている。

では、現在、我々が耳にする京言葉はどうかというと、多くは公家言葉の影響がつよいと言われている。京都は長い間、御所があり公家文化があった。それが先に述べた公家言葉の発祥である。これに対して町屋などの下町の京言葉は町人たちの言葉であった。
　京言葉の特徴は丁寧に聞こえる、やわらかいもの言いである。これは俗にいう角のたたない言い回しと言える。敬語や婉曲表現である。これらを多用しすぎると、コミュニケーションがよけいに難しくなる傾向がある。京都人は皮肉を言うといわれるが、それはコミュニケーション不足からであろう。京言葉が優雅に聞こえる要因として、長母音やウ音便を多用することから、全体的にテンポが遅く、結果としてゆったりとした柔らかい響きになるという説がある。どすえという言葉は一般的ではないかもしれないが、京言葉として思い浮かぶ言葉のひとつである。言葉というものは、その空気の中で生まれてくる。町屋と神社の中から、ゆったりとした言葉が生まれ、政治的に微妙な立場であった京都という土地柄から、角のたたない言い回しが生まれてきたのであろう。そう考えると、京都への強い我々の関心やあこがれは、時の流れに負けなかった京都庶民の気持やそれをあらわす言葉、そして、戦争で焼けなかった町屋に日本の面影を見ているからではないであろうか。

▲───京言葉には生粋の正しい京言葉と、そうではなく、何かの方言と混じっているような言葉があるという。しかしながら、どれが生粋でどれが違うのかはわからない。我々がよく耳にする京言葉は以下のようなものがある。

野暮……気がきかない／**どこぞ**……どこか／**ほっこり**……ほっとする
やいと……お仕置き／**そやさかい**……そうだから／**てんご**……冗談
はんなり……かわいい、明るくてはなやか／**きずつない**……気がひける
けったいな……変な／**おきばり**……頑張って／**おまへん**……ありません
かなん……いや／**まったり**……落ち着いて穏やか／**おへん**……いない
さら……新品／**よして**……仲間に入れて／**せく**……あわてさせる
べべ……服／**しんど**……くたびれた／**ほしたら**……そしたら

いぬ……帰る／なんぼ……いくら／やつす……おめかしする

以上　京ことば猫トランプより（企画、制作：ユニクリエイツ）

　京都ブランドは、日本を代表する和のブランドとしての認知されている。京都ブランドの共通点は、高級、上品、和という3つである。「京」は雅で他の都市とは明らかに異なるブランド価値を豊富にもっている。また、先述したルイ・ヴィトンをはじめとする海外ブランド（高級ブランド）が、伝統を大事に守り通す半面、飽きっぽい消費者に様々なバージョンを提供したり、コラボレート商品を発表したりして、常に冒険と革新を忘れないように、京都の老舗ブランドは、定番商品の質を落とさず、同時に新製品を世に出し、流行をつくっているのである。基本と応用、定番と流行の相反する概念を製品（商品）の中に取り込んでいるのである。

　ジンメルによると、人には、他者とは違う自分でありたいという欲望と、他者に同調して同じでありたいという欲望の両面があるという。アンビバレントな心理を巧みにつかみ、消費者のイメージを膨らませることに成功しているのが京都ブランドである。はんなりした京言葉も京都ブランドの形成に大きく関わっているのである。

第7節　コラボ商品の魅力

1．コラボ商品の意味

　京都の知恵という表現を前節で述べたが、京都の知恵には、今の時代を京都の伝統に取り込むといういわばコラボの力がある。コラボとはコラボレーションの略である。ここでは最初にコラボ商品の意味と現状について述べる。

　「消費者はすぐに飽きてしまう」という声をメーカーから聞いたことがある。それは事実であると考える。だからこそ、老舗であっても、定番商品と流行商品の2種類を常に持っているのである。たとえば、ルイ・ヴィトンの定番であるモノグラムは有名である。しかし、ルイ・ヴィトンのラインナッ

プはモノグラムにとどまらない。近年、ルイ・ヴィトンは、現代アーティスト・村上隆をデザイナーとして起用し、白いルイ・ヴィトンを提案した。また、ユニクロは、2006年の夏に、有名なアーティストとコラボジーパンを発売した。このように話題を多くもつコラボ商品や季節限定やプレミア商品を、メーカーは常に開発し、飽きっぽい消費者に提案しているのである。なかでも、コラボ商品は定番商品に斬新なアレンジメントの要素を付け加え、目先の新しさを演出する効果的な手法である。

さて、消費者の心理としては、このコラボ商品に対しては2つの感情が動くと考えられる。

1つ目は肯定的に、おもしろいと感じたり、珍しいと感じることである。ある商品がコラボによって、思わぬ魅力を発揮することがある。たとえば、「ガッチャピン」というキャラクターは、「科学忍者隊ガッチャマン」と、「ひらけ！ポンキッキ」の「ガチャピン」という両者を合体させたキャラクターであった。「科学忍者隊ガッチャマン」は1970年代にテレビ放映されており、現在の若者はリアルタイムでは見ていない。そのキャラクターに、今の若者たちが幼児のころから親しんでいるキャラクター「ガチャピン」をコラボさせることによって、ガッチャマンというアニメもリバイバルを果たす。このような発想のおもしろさを若者は認めたのである。

もうひとつの感情は、逆に否定的になることである。たとえば、「サザエボン」というコラボキャラクターがあった。「サザエさん」と「天才バカボンのパパ」との合体キャラクターである。これは、一部には珍しいと人気があったが、版権の問題で早々と市場から退散し、最近は目にすることもなくなった。しかし、版権の問題だけが「サザエボン」を売れなくした原因ではない。このキャラクターに対しては、もともと良いと評価する若者が多くはなかったのだ。その理由としては、コラボの質が単なる図像上の合体でしかなく、新しい価値を創生していない。また、ビジュアル的にも美しくない。そして、どちらも古典的な作品であるので、若者がそれらを支持する年代ではなかったことが理由である。

コラボ商品は、消費者が良いと判断しない限り、既存の複数の要素をくっつけただけの商品で終わってしまう可能性がある。1＋1＝2ではなく、新

しい魅力が備わらなければコラボ商品は受け入れられない。

　コラボとは異なるが、バリエーションを増やすこともブランド展開としては、行われていることである。たとえば、キティちゃんがお国柄や役職を髣髴とさせるコスチュームを着たり、他の動物の着ぐるみをきたりすることがある。また、地域限定のおみやげ品に採用されることもある。これらは、キティちゃんというキャラクターにバリエーションをつけて展開したものである。先のルイ・ヴィトンでも、コラボ商品といいながら、じつは元の素性がまったくわからなくなるまでアレンジされているわけではない。モノグラムをカラフルにしてみたり、ロゴタイプを他のフォントにしてみたりした旅行用鞄やポーチなどが多い。このように元々のコンセプトや図柄を採用して、商品の種類をふやしていく方法は、やはりバリエーションの一種であるといえる。消費者は、元のキャラクターやブランド品を知っているので、バリエーションになった商品の受け入れも容易だ。まったく知らないキャラクターやブランドよりも親しみやすいし、人目も引くのである。消費者には、知らないものを知りたいと思う気持ちと、知っているからこそ安心であるという気持ちがある。特に、購入時には、あえて冒険して知らない商品にチャレンジをする時もあれば、定番商品を買ってあらかじめリスクをヘッジする態勢をとる場合もある。

　コラボ商品が消費者の心を射止めるためには、プラスの価値の提供と、そこにあったはずのロイヤリティを損失しない工夫が必要である。よって、ブランド同士が安易に無計画なコラボをすることは危険である。個々のブランド価値が、コラボした結果、薄められ、低下することもあるからである。

2．温故知新

　京都は最先端のIT産業が盛んである。しかし一方では老舗が多く、伝統工芸をはじめ和の文化を担っている。たとえば、セパレート式の着物は上下に分かれており、ブラウスとスカートのような感覚で、着物を楽しむことができる。これは古い着物をみとめながら、着る手間というところで合理的な着る方法を開発した結果である。このように着物を着ることを大切にしながらも合理的手法を取り入れ、現在にも通じる工夫をしているのである。これは、短めの丈の浴衣にスニーカーをはく女子中学生たちも同じ発想である。

浴衣は着たいが長いと歩きにくい。丈を短めにして歩きやすくする。また、下駄では歩きにくいからスニーカーを履く。昔ながらの浴衣を今風にアレンジをして着こなした結果である。周囲の大人たちからみれば、和洋折衷の姿であろう。しかし、若い人たちはそれなりに着物も浴衣も着こなして楽しんでいるのである。これも先ほど述べたコラボのひとつである。ここでは親しみやすさやおもしろさというよりも、着こなしという現実的な機能的な要素も含まれている。

　京料理と一口にいっても、様々な種類がある。老舗は、伝統的な味を守りつつ、上記の着物や浴衣のように、今にあった味を考慮しているのだ。我々の味覚は確実に時代と共に変化する。甘味の乏しかった時代にはその時代の適切な甘さがあり、今日のように甘味も豊富になってくれば、昔のような甘味ではなく、さっぱりとしたものが好まれるかもしれない。味自体もコラボをして、単に甘い、辛いというレベルではないのであろう。京都の知恵は、まさに伝統と革新をほどよくコラボできる知恵なのではないだろうか。つまり古いモノに終わらせることなく、工夫をこらして現在に通じるモノに変化させてゆく力がある。元を知っているからこそ、新しい提案にも大きな抵抗がなく受け入れられやすくなる。「温故知新」を具現化しているのである。

☆―注釈

1) 末松千尋『京様式経営―モジュール化戦略―』日本経済新聞社、2002年、p.32引用。
2) 地域資源というと、何かその地域の特産物を想起しやすいがそうではない。地域資源とは、ここでは、その地域に生息する動物、鉱物、産物、史跡、施設などを含める。よって、自然のものもあれば、人工的な建造物も対象となる。
3) ここで学生（堀）が取り上げたのは、正式名称はスターバックスコーヒー京都三条大橋店である。京都市中京区三条通河原町東入中島町113番地にある。インターネットで検索すると、ここでのキーワードは「ほっこり京都スタイル」「ちょっと贅沢なコーヒー」と出てくる。このインターネットのページから、京都カフェでページをとぶと、そこには2つの喫茶店が検索できる。1つはモダンというキーワードで御池木屋町のカフェ。木屋町を下がったビルの5階にあり、鴨川沿いにあるため、東山が一望できるとある。店内は白が基調で、オブジェがかわいいと紹介されている。もうひとつは、キーワードがレトロで丸太河原町にあるSHUHARI（シュハリ）が紹介されている。ここは京都に4店舗あるSHUHARIの京都1号店である。店舗は戦時中に立てられた町屋を改造して使用されており、暗めの店内は落ち着けると記載されている。

4) 澤井寛治氏が2007年秋に追手学院大学にて「私見京都ブランド」というタイトルで講演を行った。京都ブランドは2つの視点から考えることができるという内容であった。

◎―参考文献

網野誠『商標［第3版］』有斐閣、1996年。
石井淳蔵『ブランド―価値の創造―』岩波新書、1999年。
梅村修・辻幸恵『アート・マーケティング』白桃書房、2006年。
小川孔輔『ブランド戦略の実際』日経文庫、1994年。
小川孔輔・酒井理編『有機農産物の流通とマーケティング』農山漁村文化協会、2007年。
甲斐みのり『乙女の京都』中央公論新社、2006年。
蒲田春樹『京都人の商法』サンマーク出版、2006年。
久世敏雄・斎藤耕二監修『青年心理学事典』福村出版、2000年
末松千尋『京様式経営―モジュール化戦略―』日本経済新聞社、2002年。
陶山計介・梅本春夫『日本型ブランド優位戦略』ダイヤモンド社、2000年。
陶山計介・妹尾俊之『大阪ブランド・ルネッサンス』ミネルヴァ書房、2006年。
高田昇『まちづくりフロンティア』オール関西、2005年。
田中道雄・田村公一編『現代のマーケティング』中央経済社、2007年。
辻ミチ子『京の和菓子』中公新書、2005年。
辻幸恵『京に学ぶ―追大ブランディングチームの挑戦―』アスカ文化社、2007年。
辻幸恵・田中健一『流行とブランド―男子大学生の流行分析とブランド視点―』白桃書房、2004年。
辻幸恵・梅村修『アート・マーケティング』白桃書房、2006年。
長沢伸也編『老舗ブランド企業の経験価値創造―顧客との出会いのデザインマネジメント―』同友館、2006年。
中根千枝『タテ社会の人間関係―単一社会の理論―』講談社現代新書、1967年
廣田章光・石井淳蔵編『1からのマーケティング［第2版］』中央経済社、2004年。
前田勇・佐々木土師二監修、小口孝司編『観光の社会心理学』北大路書房、2006年。
森永卓郎『萌え経済学』講談社、2005年。
山崎茂雄・立岡浩編『映像コンテンツ産業の政策と経営』中央経済社、2006年。
山崎潤一郎『ネットコンテンツ・ビジネスの行方』毎日コミュニケーションズ、2007年。
山本昭二『サービス・マーケティング入門』日経文庫、2007年。
四方田犬彦『「かわいい」論』ちくま新書、筑摩書房、2006年。

第5章

京都に対するイメージの変化

第1節 イメージ調査の概要

　前回（2006年度）と同様に、追手門学院大学の2回生に京都を見学することをすすめた。京都をフィールドにして歩き回ることで、京都ブランドとは何かを肌で感じてもらいたかったのである。第5章では、前半は、前回の結果と学生自身の京都に対するイメージが変化してきたことについて述べる。後半は、インタビューやアンケート結果から京都に対するイメージがどのようなものであるのかについて述べる。

　最初に、京都に何度か足を運んだ学生たちに対して、京都のイメージについて、前回と同様の記述式調査とインタビュー調査の2つの調査を実施した。ここではそれらの方法と結果を、前回と比較しながら説明する。前回の調査実施時期は、2006年6月末であった。調査対象者は、追手門学院大学経営学部3回生の発展演習クラス26名と卒業演習クラスの10名であった。それに対して、今回の実施時期は、2007年5月末だった。調査対象者は、追手門学院大学経営学部4回生の卒業演習のクラス26名である。今回の記述式調査では、以下の4つの質問項目について、思いつく限りの回答を求めた。時間は60分間で、お互いに話し合ってもよいとした。また、いずれの設問にも複数回答を認めた。罫線なしのB4サイズの紙を、学生ひとりにつき2枚ずつ配付した。

　先述の通り、1年を通して、毎月、何らかの形で京都に触れる機会をつくってきた。その成果がアンケートにどのように反映するか、京都ブランドに対する考え方に変化が見られるのか、ということを明らかにするために、1年前とまったく同じ質問をしている。質問項目は下記のとおりであった。

①京都と聞いて何を想像しますか？　そのように思った理由も書いてください。
②京都の食といえば何だと思いますか？　そのように思った理由も書いて下さい。
　　例）漬け物（千枚づけやなすびの漬け物が有名だから）、豆腐（天竜寺

の近所で湯豆腐が名物として売られているから)、和菓子(有名な和菓子屋があるから)等
③京都の街並みや商店街、商業施設についてどう思いますか?そのように思った理由も書いて下さい。
④京都の観光名所についてどう思いますか?そのように思った理由も書いて下さい。
　例)清水寺(遠足で行って感動した)等

質問①:「京都と聞いて何を想像しますか?」については、昨年度は、神社・仏閣についての回答が多かった。今年度は、昨年度と比較して、バラエティに富んだ回答となった。以下に、昨年度の回答の多かった神社・仏閣の場所のカテゴリーを示し、その下の欄に今年度、新しくあがった回答を追加した。

▼カテゴリー:神社仏閣に対する回答
清水寺、八坂神社、金閣寺、銀閣寺、二条城、西本願寺、平等院、京都御所、妙心寺、上賀茂神社、下賀茂神社、北野天満宮、壬生寺、平安神宮、天龍寺、龍安寺、化野念仏寺、安倍清明神社、大覚寺、宇治平等院、鈴虫寺(華厳寺)、高台寺、三千院、智積院、南禅寺、二尊院、落柿舎、法然院、苔寺(西芳寺)、矢田寺、仁和寺、貴船神社、鞍馬寺

追加:三十三間堂、勘修寺、随心院、善願寺、法界寺、大善寺、正覚寺、醍醐寺、清水寺、五重の塔

▼カテゴリー:場所に関する回答(店舗を含む)
新風館、五条大橋、渡月橋、哲学の道、イノダコーヒー、京都大学、立命館大学、円山公園、龍馬通り、寺田屋、新撰組記念館、美空ひばり館、大河内山荘、COCON烏丸、保津川くだり、キンシ正宗堀野記念館、一保堂茶舗、村上開進堂、西陣、河原町通、四条、鞍馬山ケーブル、京都府立植物園

> 追加：木戸孝允屋敷跡、近江屋、三嶋亭、維新の道、岩倉具視屋敷跡、池田屋、御所、霊山歴史館、みやこメッセ、京都産業会館、由良の助、亀岡コスモス園、京都市役所、京都タワー、神宮商店街、新京極商店街、京都大丸、アンティークベル、ネギ、俵屋、鴨川、円町、京都産業大学、下鴨神社の餅屋、木屋町、大輔、錦市場、鳩居堂、山科、山崎サントリーウイスキー工場、麒麟ビール工場、北山、がけ書房、くに荘、京都府庁

▼カテゴリー：イメージ用語に関する回答

和の文化、みやび、遠足、観光、舞子さん、和風、日本、老舗、あこがれ、乙女、女子大学生、化粧品（あぶらとり紙）、千代紙、和紙、茶道、写経、お香、仏像、焼き物（清水焼）、仏像彫刻、西陣織、糸、自然、紅葉、お茶、盆地、町屋、茶色、花火、祇園まつり、静かさ、夏の夜、正月の参拝、京言葉、野菜、和菓子、西陣、着物、扇子、香、座敷、畳、いけず、慇懃無礼、山、和楽器、都、御所、公家、はんなり、上品、口紅、手ぬぐい、かんざし、古本屋、大学、若者、新撰組、歴史、牛若丸

> 追加：おまへん、紅、おはぐろ、永楽屋、おこしやす、節約、きっちりしている、節度、蚊帳、町家、京懐石、和食、坊主、錦、鯉、抹茶色、辻利、竹、冬景色、寒さ、灯ろう、提灯、線香、豆腐、中庭、朱色、緑色、やなぎ、川、質素、格子、石、古着、仏像、羅漢、夕暮れ、ゆったり、おかみさん、おいらん、なすび、木おけ、風呂、うるし、鈴、風鈴、線香花火、蚊取り線香、縁側、床、しなやかな手つき、色白な女性、つっかけ、稲荷、妖怪、のろい、お地蔵さん、御簾、のれん、IT産業、京セラ、島津、応仁の乱、人力車、あうんの狛犬、稲荷神社、牛鍋

昨年度と比較すると、京都と聞いて想起する場所やイメージが、各カテゴリーともに大幅に増えていることがわかる。また、具体的な名称で回答をし

たり、山科や亀岡という京都の市街地から少し離れた場所のことも思い浮かべたりするようになった。これは実際に訪れただけではなく、京都を知るために文献を調べるうちに、心に残ったこともあるようだ。応仁の乱などはまさに、知らず知らずに頭の中にインプットされた事例であろう。

> **質問②**：「京都の食といえば何だと思いますか？」という設問に対しては、和菓子に関する回答が多かった。以下に回答の多かった順に示した。そして新しく得た回答は追加として記した。

▼前回の回答
抹茶、和菓子、和食（懐石）、千枚漬、つけもの、湯豆腐、野菜（京野菜）、ぜんざい、おたべ、黒おたべ、宇治茶、落雁、五色豆、わらび餅、おから、壬生菜

追加：つくだに、卵やき、みずなすの漬け物、京都駅の駅弁、らくがん、せんべい、伏見酒、お茶漬け（ぶぶづけ）、大福、みたらし団子、焼き餅、川魚、茶碗蒸し、豆腐プリン、甘酒、きなこ、あずきあん、大根、かぶら、九条ねぎ、煮物、高野豆腐、きんとん、うどん、山菜、おばんざい、大豆、焼き魚、おから（卯の花）、酢づけ、黒酢

> **質問③**：「京都の街並みや商店街、商業施設についてどう思いますか？」に対する回答を以下に示した。

▼前回の回答
・花小路はきれいだと思う。
・四条・河原町は大阪とあまり変わらない感じがする。
・ごみごみしているので情緒が不足している感じがする。
・近代的な感じがする。
・寺町の商店街は趣があって歴史をイメージする。
・京極の商店街は楽しそうに思う。

- 若い人が町に多い印象がある。
- 商業施設では新風館がおしゃれな感じだと思う。
- テレビで見た錦市場は活気があった。
- テレビ取材されていた錦市場の長さに驚いた。
- 京都のおみやげもの屋は品物が多いように思う。
- 京都は路地の雰囲気が良さそうだ。
- 町屋などがあって情緒豊かな感じがする。
- 新旧が混在している感じがする
- 豆腐のドーナッツや豆乳が売られていて楽しそう。
- 京野菜はヘルシーな感じがする。
- 商店街の道がひろくて快適そうだ。
- 千本通りの商店街は日常っぽいイメージだ。
- 龍馬通りの商店街はこぎれいというイメージがある。

◆―追加
- 観光客に対する案内表示が不親切なものもある。
- 地下鉄などは何番出口がよいか明記するべきだし、阪急電車においても、出口がどこにつながるのかを明記する方がよい。
- 阪急電車は地下鉄四条との乗り換え口があるが、出口の番号も大きいので、上記と同様にどこに出たければ何番出口を明記が必要。
- 寺町商店街に京都らしさの演出がほしい。
- 三条商店街内のコンセプトの統一性がほしい。
- 新京極商店街内では店舗にしても（個人の）節度あるディスプレイがのぞましい。
- 新京極商店街内で「大阪名物・たこやき」などは京都としてどうなのか疑問が残る。
- 市場はモノを売る場所だけでなく、京都らしさの空気を売ってほしい。
- 祇園などは空気のための演出(夜の灯籠)などをもっと日常的にしてほしい。
- 四条河原町駅付近の下品なキャッチコピーはやめてほしい。
- 木屋町は、雑然としている感じがする。

- 大丸までの四条あたりが、ごみごみしている感じがする。
- 西陣あたりの商店街はこぎれいなのだが、古さに欠ける気がする。
- 京阪三条あたりに何か集客施設がほしいような気がする。
- 京都駅周辺に上新などが進出してきているが、大きな本屋はどうなのだろうか。
- 京都駅から二条城までの間に見るようなモノがない気がする。
- 新風館の中庭でのワゴン販売は、当初よりも工夫がされてきたと思う。
- ココン烏丸の3階のショップはいつもレベルが高くおしゃれな雑貨が多い。
- 京都駅の南側が1年前とは変わった雰囲気になった。これは大型電気店の出店のためかもしれない。
- 京都駅周辺は地下街以外にもうひとつ見る場所がないように思う。
- グランビア京都は、別空間のように落ち着いていて、豪華だ。
- くに荘などまったく知らなかったが、宿泊施設としても充分魅力がある。

　質問③についての追加回答も、具体的な地名がはっきりと出てきており、自らの足で歩きまわった成果だと考えられる。何度も京都を訪問することによって、彼らの地元の商店街との比較や、個店を観察する目も養われてきたのである。同じ場所でも、京都のような歴史と伝統を持つ都市は、訪れるたびに発見がある。路地に分け入り、交通の便が悪いところにも足をのばし、ホテルや駅など、今までに見過ごしていた場所にも行ったことは大きな成果である。

　質問④：「京都の観光名所についてどう思いますか？」という設問に対する回答を以下に挙げた。

▼前回の回答
- 神社は神々しさがある。
- 寺は落ち着いた雰囲気だと感じる。
- 個店も個性的で素敵だ。
- 観光名所である有名な神社や寺は日本を代表していると素直に感じた。
- 庭がきれい。
- 人が多い、人ゴミだ。

- 若者向けの京都の土産物があまりないような気がする。
- 土産物を置く店に個性がないような気がする。
- 街並などは特に美と調和を感じる。
- 観光名所は清掃が行き届いている。
- 春や秋の京都観光は恒例行事であると思う。
- 夏の祇園祭は観光客でにぎわっていてテレビで見ていてもすごさがわかる。
- 京都は観光都市だと素直に思う。
- 観光施設をもっと増やしてほしいような気がする。
- 行った人からきいた話だが、公衆トイレを使いやすくきれいにしてほしいと言っていた。
- 川沿いは歩道を整備して物売り人を規制してほしいという友人の話を聞いたことがある。
- 正月の平安神宮には感動した。
- 花灯路は夢のようだ。夜の京都は魅力があると思う。
- 夜の拝観やライトアップは非常に美しい。
- イメージどおり幻想的な感じだ。
- 祇園には舞妓さんがいつでもいそうな感じがする。
- 外国人の観光客が多そうな感じがする。

◆―追加
- 清水寺の夜間拝観をしたが、昼とは異なった荘厳さがあった。
- 天竜寺には心ひかれ、数回足をはこんだ。周辺の店の湯豆腐もおいしくいただけた。
- 京都産業大学近くのリバ煮の店が雑誌で紹介されており、入ってみたが、レトロだった。
- 三十三間堂に入ったが、その廊下の長さと仏像の多さに驚いた。
- 京都国立博物館に入った。広いが落ち着いた感じが京都らしかった。
- 平安神宮と岡崎公園には露店を出すというので数回行ったが、おみやげものやさんがチープな感じがして、よくなかった。
- 木戸孝允屋敷跡に行ってみた。質素な感じがして政府高官のイメージと

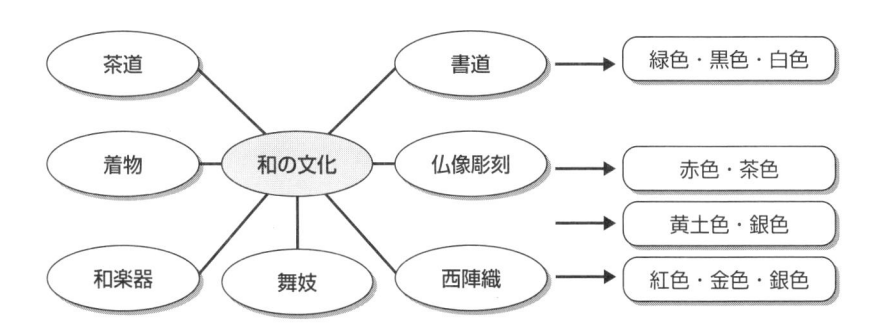

第5章　京都に対するイメージの変化

図5-1　和の文化と結びつくイメージとそれらの色イメージ（著者作成）

は異なる。
・壬生寺に行った。静かさがしみいるようであった。
・平安神宮の近くの岡崎公園には美術館が2つもあって文化的だったが、真新しい感じがした。
・平安神宮の周囲だが、もっと緑があっても良いと感じた。広い道路のせいと神宮商店街が新しいせいもあって、落ち着かない感じがした。
・以前よりもゴミが多くなったような気がする。
・紅葉の季節が12月へとずれ込んだので、秋の京都という感じがしなかった。

　和の文化と結ぶつくイメージとして以前は上の図5-1の左側のようになった。茶道と聞けば抹茶の緑色が連想され、同様に、書道と聞けば墨の黒色と半紙の白色が想起される。着物が赤色と結びついたのは、舞妓さんのあでやかな衣装と連動をしているためであろう。実際に京都の町でみかける着物には赤が少ない。朱色系統ならあるが、落ち着いた中間色が着物の世界でも流行しているせいか、赤い着物というのはめったにお目にかかれない。それにもかかわらず、学生たちに想起された着物の色が赤だというのは、ステレオタイプなイメージに影響されているためである。和楽器の黄土色は、木や土のイメージからであろう。西陣織の金銀というのは、金糸や銀糸が織り成す綾錦のイメージが強いからである。いちばん下の舞妓のイメージから紅色、金色が引き出されているのは「さくらん」などの映画の影響でもある。学生たちには、着物というと華やかな原色のイメージが強いのである。特に、西

陣には、華やかなイメージがあるようだ。

　ところで、筆者は同様の調査を、2005年12月に奈良についても行ったことがある。その際、興味深いことは、学生たちの奈良のイメージ色は90％が茶色であったことである。それに対して、京都のイメージ色は、上記のように様々な色が回答され、統一的な京都の色は回答されなかった。ちなみに、神戸に対して抱くカラーは緑色と青色が多く、大阪は黄色、だいだい色が多かった。このように、都市のイメージカラーが少ない色数に統一されている都市と、京都のように様々な色が思い浮かぶ都市があることが発見であった。

第2節 「事実を知る人」「物事を見た人」「事象を理解した人」の分類

　前節で述べたようなステレオタイプのイメージについて、個々の認識の度合いを「事実を知る人」「物事を見た人」「事象を理解した人」に分けたらどうか、という考え方がゼミ生から提案された[注1]。

　まず、「事実を知る人」とは、その場所の所在地、グラフィックな外観、由来などを知識として持っている人という意味である。次に「物事を見た人」とは、そこにあるモノを実際に見た人、あるいは体験した人という意味である。3番目の「事象を理解した人」とは、そこにあるモノの意味や存在意義を理解し、そのモノの価値がわかった人である。そしてその意味や価値が大きな視点から考えられるようになった人のことである。

　以下に、学生からのレポートを3つ紹介し、具体的に「事実を知る人」「物事を見た人」「事象を理解した人」に分類するとは、どのようなことかを例示する。

錦天満宮

川瀬　琢也

　私は河原町へ行きました。駅から少し歩き、寺町商店街の中へ入っていくと、若者むけの服、かばん、アクセサリーのお店がたくさん並んで

いて、高校生でにぎわっていました。その商店街の中には、いくつも寺や神社があります。

　商店街を奥へ歩いていくと、横にとても大きな鳥居がありました。その鳥居の上の両端部分が両側のお店にめり込んでいて驚きました。もともと鳥居の両端部分が私有地に入っており、その後にお店を建てたということでした。昔からある鳥居を壊さず残したというところが、京都らしいなと感心しました。鳥居をくぐると、錦天満宮がありました。錦天満宮は菅原道真を祀っており、知恵・商才・厄除けの御利益があると入り口の看板に書いてありました。中に入ってみると、思ったよりも狭く、二匹の狛犬も小さめでした。御神水があり、『京の名水』とかいてあったので飲んでみました。おみくじは、木の箱を振って棒を取り出すタイプではなく、機械式でした。200円を入れると音楽が鳴り中にある獅子舞のロボットが踊り出し、おみくじを選んでくれるという、しくみでした。種類は、金みくじ・恋みくじ・よろこびみくじ等がありました。私は末吉でした。

　人でにぎわっている繁華街に、歴史的建物が共存していることが、とても不思議に感じられました。この不思議な感じこそが、他の地域では感じることのできない京都の魅力だろうとあらためて思いました。

▲───この学生は、寺町商店街と錦商店街が南北に交わる位置にある錦天満宮の存在を知る。つまり、学生は、錦天満宮という「事実を知る人」となった。そこにあった狛犬やおみくじという「物事を見た人」にもなった。そして、他の地域では感じられない不思議な感情を抱くことによって、「事象を理解した人」への糸口をつかんだのである。感じることはできても、それを言葉や図像で他者に表現できなければ、本当に事象を理解した人にはならない。感じたことを正確に外部へ発信できなければ、理解とはいえない、と筆者は考えている。よって、川瀬は錦天満宮を通じて、「事実を知る人」「物事を見た人」となったのである。

高台寺

萩原　れみ

　私は2007年11月5日に高台寺に行きました。正式名称は鷲峰山高台寺と言い、臨済宗建仁寺派に属するお寺です。この高台寺は清水寺の近くにあり、豊臣秀吉が亡くなった後、その菩提を弔うために秀吉夫人である北政所（ねね）が慶長11年（1606）に開創した寺です。私の行った期間は、ちょうど秋の紅葉の季節ということで、特別に夜間拝観と夜のライトアップをしていました。夜の京都はいつも行く昼の京都とは、また別な風情がありました。「ねね」がよく歩いたと言われている「ねねの道」や、高台寺に行くために上がる階段もライトアップされており、灯りに照らされた道や石の階段は、いつもとは違う雰囲気が漂っていました。高台寺の砂利道を歩きながら、まだ緑色の残った葉がライトアップされているのをゆっくりと歩きながら見ました。方丈というお堂にあがり石庭を眺めました。ライトアップにより、高台寺と三洋電機株式会社の"共創"によるコラボレーション映像を石庭に映していて、とても不思議な空間でした。また違う方角を見ると、東の臥龍池、西の偃月池などをはじめ、庭園を全て眺めることができました。桃山時代を代表する庭園だけあって、全てが見事でした。これが京都の底力なのだと鳥肌がたちました。この後、開山堂、秀吉と北政所の木造がおいてある霊屋（おたまや）、傘亭、時雨亭とまわりました。夜の独特な雰囲気と風情をもった京都を体験できました。

▲───高台寺を訪れたこの学生は、はじめてその由来を知る。高台寺の歴史という「事実を知る人」になったのである。また、そこにあった庭園を見て、「物事を見た人」にもなった。そして、ライトアップされた夜の京都を体験することで、いつもの昼とは異なる雰囲気に気がついたのである。これは「事象を理解した人」への糸口である。ライトアップという特別な演出のもとでみた庭園に感動したことは、京都の魅力を理解するための第一歩である。これを他地域と比較したり、昼と夜を比較したりした結果、その特徴を

見出せたら、本当に京都の魅力を理解したと言えよう。

清水寺

花村　奈々枝

　京都へ行こうと思った時に、最初に思いついた場所が清水寺でした。清水寺に着くまでには長い石畳の坂道を上っていきます。石畳の道はでこぼこしていて少し歩きにくく思いましたが、街並みにすごく合っていて苦に感じませんでした。道の両側には、土産屋や和菓子のお店などが多く連なっており、清水寺に着くまで充分楽しめました。とくに、八つ橋のお店が多かったです。大阪でたとえると「たこ焼き」のようなものだと思うのですが、これは私だけの見方なのかもしれません。八つ橋にもいろいろな味があり、お店ではそれぞれを試食できるようになっていました。さらに、店員さんが着物姿で温かいお茶も配っており、京都ならではの風情を感じました。

　正門である仁王門は赤門とも呼ばれており、きれいな赤色が印象深かったです。清水の舞台に立ったときは、だれもが感じるように、その雄大な景色に感動しました。そこから下を覗き込んだ時には、その高さに恐怖感を抱きました。下から見た清水の舞台もまた美しく、どの角度から見てもきれいでした。私が行った時にはライトアップもされており、すごく幻想的でした。

　清水寺から少し歩くと地主神社という縁結びで有名な神社がありました。たくさんの縁結びのお守りが売られています。デザインがかわいらしく、カップルで来訪し、お揃いでお守りを買う人たちもいました。お守りはネックレス型なども売られていました。そして、本堂の前には「めくら石」というふたつの石があります。片方の石から目をつむったまま、もうひとつの石まで歩いていけたら恋が叶うという石です。修学旅行の女学生が列をつくって、チャレンジしていました。恋は女子にとって重要事項です。ここは女の子が楽しめる神社です。大阪では特に興味を示さず素通りしてしまう神社やお寺ですが、京都では町全体に調和し、京都にあるというだけでなぜかありがたく感じたり、違和感なく立

ち寄れたりできました。

▲───この学生は、清水寺の門前町、清水寺の舞台、地主神社を知る「事実を知る人」となり、そこにあった八つ橋をはじめとするおみやげなど「物事を見た人」になった。大阪の神社・仏閣では素通りしていた神社や仏閣も、京都の街にあるだけでありがたく感じるという「事象を理解した人」になった。

3人の学生に共通していることは、その場所に行ったことによって、本や映像で見て知っていたと思いこんでいた場所に、鳥肌がたつような感動を覚えたり、ただならぬ本物感を感じたりしたということだ。その場所にしかないもの、それはその場所が発する空気である。その空気を言葉で説明することは困難である。その場所に行かなければわからない。我々はインターネットで、バーチャルな旅行を居ながらにして楽しむことができるようになった。しかし、インターネットはその場所の匂いや肌触りや人の息までは伝えてくれないのである。また、「事実を知る人」と「物事を見た人」にはすぐになれるが、なかなか「事象を理解した人」にはなれないのである。本当の理解は一度や二度ではわからないのかもしれない。

なお、最後に花村が言っていたように、京都だからありがたいという感想は、正直な思いであろう。大阪にも、法善寺や四天王寺や藤井寺など、ありがたい場所はたくさんあるのに、その良さや価値は、京都の寺院や神社ほど際立っていない。庶民の日常生活の中に埋もれすぎているから見向きもされないのか、それとも「事象を理解する人」が少ないから顕在化しないのだろうか。地域ブランドという言葉が、流行のように使用されているが、本当の地域ブランドは、地域に密着した日常の中から発見されるべきである。地域ブランドがおみやげもののように誤解されているのは、他者にアピールすることを意識しすぎて、他者との違いばかりを追いかけているからであろう。以下に、普段ならば見向きもされていないような場所をレポートした学生の文書を紹介する。

京都のスポーツ広場
太陽が丘　京都府立山城総合運動公園

山本　高祐

　JR宇治駅下車後、バスに乗り換え20分ほど揺られていると、とても大きな広場が見えてきます。この施設は、山城総合運動公園といい、私はここの体育館をクラブの公式戦などでよく利用しています。

　山城運動公園は、体育館、野球場、陸上競技場などがある広大な運動施設です。私は大阪のいろいろな運動施設に行ったことがありますが、大阪の体育館と比べて圧倒的に緑が多く、広場が大きいのがここの特徴だと思います。入り口からふれあいの森という広場へ歩いていくと、花や木がたくさん植えてあり、まるでハイキングに来たようなすがすがしさを感じます。他にも、子供向けのアスレチックなどもたくさんありました。子供を連れた家族や、スポーツをしにくる学生、ジョギングをしている年配の方など幅広い年齢層の人々がここを訪れていました。

　京都には、文化的な観光地がたくさんありますが、この山城運動公園のような、自然の中でゆったりできるスポットも、他の観光地とは違った楽しさを味わえるのではないかと思います。観光客ではない地元の人々が憩える場所も、京都の中にはあるのです。そして本当はその方が生活の中では重要で、人々の生活の中でのまったりした時間が、今後の生活には重要な気がします。

▲———普段の生活の中での発見と言える。秋の紅葉や春の桜など、自然の美しさが喧伝される京都だが、とりたてて観光名所ではなくても、美しい自然は街中の公園や路地にある。そして、そうした場所は、京都以外にもたくさん見い出せるであろう。

第3節 京都のイメージに対するリサーチ結果

学生対象のリサーチ結果をまとめると、以下の3点になった。

①京ブランドのイメージは、「和」「古都」「若者」の3要因が得られた。（日本家政学会平成19年、第59回大会筆者の口頭発表より）。この場合、ステレオタイプ的な京都のイメージと「和」「古都」は一致するが、「若者」は少し異なっていた和の典型として神社や町屋を挙げる者が多く、また、具体的なタームとしては「上品」「由緒正しい」「優しい」などがあげられていた（図5-2）。

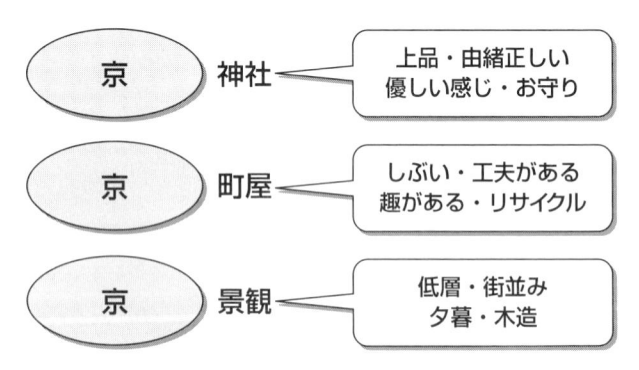

- 京 — 神社 — 上品・由緒正しい 優しい感じ・お守り
- 京 — 町屋 — しぶい・工夫がある 趣がある・リサイクル
- 京 — 景観 — 低層・街並み 夕暮・木造

図5-2 多くの学生が抱くステレオタイプ的な京イメージ（著者作成）

②京ブランドのイメージとしては、製品として想起されるものには、豆腐、和菓子、町屋をはじめ、食と住が多くを占める。衣は、着物が想起されることもあるが、現代人の服飾習慣になじまないせいか、製品として注目を浴びる度合いは少ないようである。ただ、古い着物に込められた精巧な技術や和風の粋を凝らした文様などが、一部の愛好家に見直され、中には着装されることもあるようだが、マーケットとしてはいまだ小さなものである。最近は、浴衣や甚平で花火大会に行く男女の姿が夏の定番になり、着物の用途が変わりつつある。したがって、将来的には衣の分野

でも京都が見直される可能性は大いにあるといわなければならないだろう。
③関西経済の拠点＝大阪と考えられがちだが、京都にも経済的な拠点というイメージが生まれつつある。観光都市としてのみではなく、商業都市としての発展が期待されている。

ここでは、②に含まれている豆腐と和菓子についての調査結果を示す。

京都といえば、伝統的な和菓子の発祥の地というイメージがつよい。現に、鍵善良房、総本家駿河屋、和久傳、鼓月など、天下に名をとどろかしている京の和菓子屋は枚挙にいとまがない。大学生を対象として実施した京の食べ物にまつわるアンケート調査でも、和菓子が回答に挙げられることが圧倒的に多かった。以下に筆者が実施した2006年10月の調査結果を示した。関西圏に立地する女子大学に所属する学生合計50名の結果である。大学は3つで、各大学では少人数の授業中に調査依頼を行い、留め置き法を用いた。

質問項目は以下の3つである。

①あなたが京都と聞いて思い浮かべる食べ物は何ですか？　いくつでもお書き下さい。
②①で思い浮かべたモノをあなたは普段食べていますか？
③京都のおみやげとして思い浮かべる食物をいくつでもお書き下さい。

これらの質問に対して、自由記述をしてもらった。ただし、③のおみやげなどは、とくに同じカテゴリーだと筆者が判断したものはまとめた。たとえば、「おたべ」と「黒のおたべ」は「おたべ」にまとめた。また、「千枚づけ」「水なすの漬け物」「すぐき」などは、すべて「漬け物」に一括した。

③に関しては、ここでは完全に漬け物と和菓子にかたよった回答となった。また、京都の食としては、湯豆腐を代表とする豆腐の連想も多かった。ただし、この豆腐に関しては、実際に湯豆腐以外には、なべ豆腐しか連想されなかった。貧弱な連想しか呼び出せないのは、豆腐そのものの料理方法を知らないからということもあるし、豆腐に関心が低いからということにも起因しているのだろう。

ここで、豆腐に対するレポートがあるので紹介しておく。このレポートに

表5-1 食に対するリサーチ結果（著者作成）

① あなたが京都と聞いて思い浮かべる食べ物は何ですか？

漬け物:48名、和菓子:47名、豆腐:47名、抹茶:40名、
懐石料理:32名、京野菜:29名、かもなす:14名、おばんざい:15名、
おたべ:13名、黒豆:12名、落雁:12名、くずきり:10名、
ゆば:8名、きなこ:7名、抹茶味の食べ物すべて:7名、お茶漬け:7名、
煮物:6名、がんもどき:4名、九条ねぎ:3名、あんこ:1名

② ①で思い浮かべたモノをあなたは普段食べていますか？

普段からよく食べている：52％、普段はあまり食べていない：39％
あまり意識していないのでわからない：9％

③ 京都のおみやげとして思い浮かべる食物はなんですか

漬け物：40名、和菓子：48名、おたべ：37名、落雁：19名

登場する「ひみこ豆生」は、開発者の意向で、「豆腐」ではなく、「豆生」というネーミングになっている。「豆の力が生きているという意味であり、豆を腐らせたものではない」という思いからネーミングされたという。この「豆生」は、茨木で生産されている。学生たちは、ゆばや湯豆腐を京都嵐山で食した後に、この豆生の存在を知ったのである。

ひみこ豆生

高地　ひとみ

　2007年4月2日、茨木市にあるホテルで、「ひみこ豆生」を試食しました。豆腐といえば、京都を想像していたのですが、地元にも豆腐があるというので興味を持ちました。以前に嵐山で湯豆腐を食べたので、比較するために食べに行きました。

　最初に豆腐のメニューを見て驚きました。私が今まで知っている「豆

腐」という字ではなく「豆生」と書くのです。従来、おからとして捨てられていた部分、皮や胚芽や豆肉などの栄養素が、このひみこ豆生には全て含まれており、食物繊維も含まれています。防腐剤などの化学物質は一切使用していない、いわば「生きたとうふ」だから、この「豆生」という文字であらわしているというのが開発者の説明です。

　私たちが食べたのは、揚げ出し豆生、チーズ入りオムレツ、キムチソースがけ豆生、エノキがけ豆生、豆生のからあげ、一口豆生、豆生サラダ、じゃこがけ豆生です。豆生は、味も触感も、従来の豆腐とは全く違っていました。すごくやわらかくて、とろけていく様ははじめての体験でした。チーズ入りオムレツは今までこんな食べ方を知らなかったので興味がわきました。嵐山の湯豆腐を想像していましたが、豆腐のメニューにいろいろな種類があるなんて思ってもみませんでした。また、唐揚げなどはおみやげに持ち帰ることもできるそうです。

▲———この試食会のあとに、京都の湯豆腐など、京豆腐との比較をした結果をまとめると以下のようになった。
①京都のイメージと結びつく豆腐は、湯豆腐である。豆腐のからあげやオムレツではない。そこにはシンプルな豆腐の食べ方と、和の代表としての豆腐があって、豆腐のアレンジは京都にはむしろ不要ではないか。
②京都で食する豆腐はおみやげになる必要はない。京都で食べる豆腐は、京都で食べることに意義があるので、持ち帰ることは無用である。
③豆腐がおいしい必要はない。観光客は京都という空間を楽しんでいるので、豆腐自体のロイヤリティは求めていない。
④豆腐が日本食の代表のひとつではあるが、そこにオムレツのような洋風が入ってくることは豆腐自身にとってよいことかどうか疑問である。もちろん食べる方法が広がることはたいへん評価できることではあるが、それが和や京都というイメージをそこなうのではないだろうか。

第4節 共通認識の形成

　京都に対して様々なイメージを抱く人々の中には、共通の認識が形成されることがある。そうした京都のイメージの束にネーミングをしていくと、たとえば、「京」言葉、「京」野菜、「京」たんすなど、京という言葉を頭につけた名称になる。これらの「京」を枕にした品名の数々には、ある統一したイメージがある。多くは「上品」「やわらかい」「女性的」「やさしい」というイメージであった。また「特別」「格」「美しい」というイメージもあった。ここで、図5-3に、京都のイメージ形成のプロセスを衣食住の3つに分けてまとめてみた。

　京都のイメージを形成してきたのは、観光客という「よそ者」である。

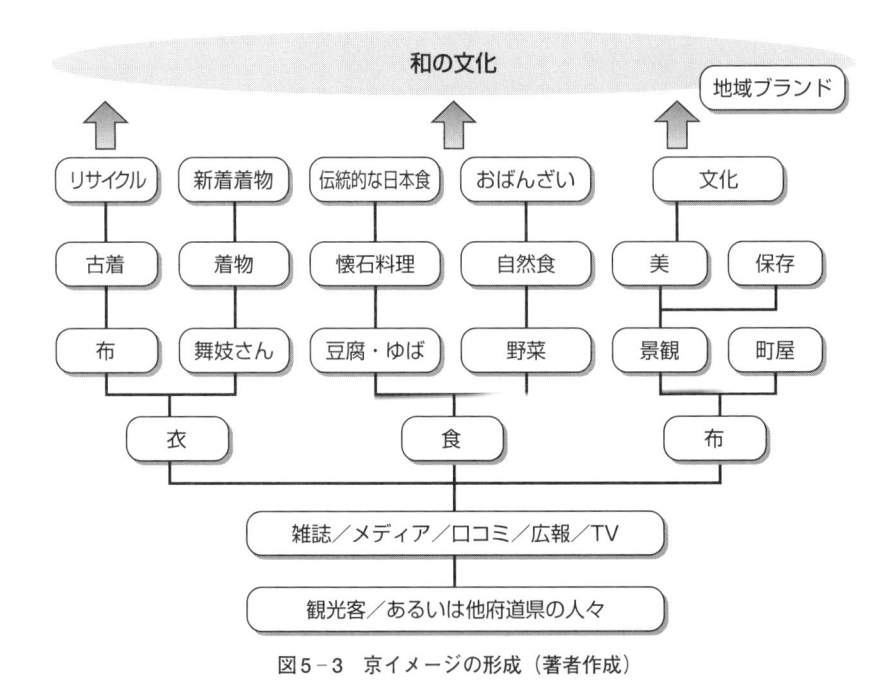

図5-3　京イメージの形成（著者作成）

第5章 京都に対するイメージの変化

「よそ者」は、京都に関する知識を、雑誌、口コミ、広告、TVなどから得ている。昨今なら、インターネットからの情報や、ブログから発信された情報も含まれる。たとえば、京都の食といえば、湯豆腐や精進料理、住といえば、犬やらいや朱塗りの壁や町屋の低い軒並みや鹿おどしなどが連想される。しかし、だれも京都のイメージを構成している個々の要素を探しに京都を訪れてはいない。観光客は、ある程度の数の町屋が密集して街並みを形成しているからこそ京都の情緒を感じることができる。

京都のものは高級だというイメージもある。古い都が培った伝統への敬意がそのようなイメージを生むのだろう。

京都に関するよそ者の共通認識を形成しているものは2つある。

1つは、様々な媒体から得た似通った情報の集積である。たとえば、京都なら、平安遷都以来の長い歴史、夏暑く冬は冷え込む気候、四方を山に囲まれた地形、戦災や天災を潜り抜けて残る建築物など、多くのよそ者が共通して持っている知識である。

もう1つは、そうした情報が作り出した共通したイメージである。たとえば、寒冷な気候はおいしい漬け物や豆腐を生み、長い歴史は排他的で慇懃な府民性を醸成し、子々孫々伝承されてきた技術は高価で上等な商品イメージを形成する。

京都を学ぶとは、京都検定に代表される座学的な知識を学ぶことから、イメージの世界を実感し「なるほどそうだ」と共感することまで、多様であることを忘れてはならない。

☆—注釈
1) 「事実を知る人」とは、京都の建物や行事などの名称を知識として知っているだけの人のことである。「物事を見た人」とは、観光などで京都の文化財や祭を体験した人のことである。「事象を理解した人」とは、必ずしも体験していないかもしれないが、写真や文献から、祭りや街並みや神社仏閣の由来、歴史などを深く理解できた人、いわゆる蘊蓄を傾けられる人のことである。

◎―参考文献

石井淳蔵・渥美尚武編『インターネット社会のマーケティング』有斐閣、2002年。
香山リカ『著者の法則』岩波新書、2002年。
近藤文男・陶山計介・青木俊昭編『21世紀のマーケティング戦略』ミネルヴァ書房、2001年。
斉藤美奈子『文学的商品学』紀伊国屋書店、2004年。
辻幸恵・梅村修『アート・マーケティング』白桃書房、2006年。
辻幸恵『京に学ぶ―追大ブランディングチームの挑戦―』アスカ文化出版、2007年。
松井豊編『対人心理学の視点』ブレーン出版、2002年。
和田実編『男と女の対人心理学』北大路書房、2005年。

第6章

京都の存在

第1節 学生視点からの「京都」という存在

　学生たちから、京都についての自由レポートを募った。ここでは、その中のいくつかを紹介する。本章の目的は、学生たちから見た京都を、学生たちの言葉で示し、そこから若者の感性について分析することである。京都は、国内外からの観光客でにぎわう都市だが、大学をはじめとする教育機関も多い。

　筆者の勤める追手門学院大学は、京都府に隣接する大阪府茨木市にある。いわば、京都の隣街の大学である。したがって、毎日、京都を横目に通学する大学生も多い。また、近いのに京都まで足を伸ばすことは少ない、という大阪在住の学生も多い。

　本章では、彼ら大阪の大学生が、京都という文化都市に対して、どのような思いを抱いているのかを紹介したい。まさに、学生たちの「となりの目からみた京都」である[注1]。

　最初に、九州出身の森田大貴のレポートを紹介する。彼自身は、何度も何度も京都に出向き、そのつど、いろいろな発見をして楽しいと言っている。学生たちのレポートの良さは素直に感じたままを報告してくれるところである。

「京都」という存在

森田　大貴

　私は九州から、関西にある追手門学院大学に来ています。九州から来るまでの私の関西のイメージは、「明るく活気があり、人々が温かく迎え入れてくれる」というものでした。関西で初めての一人暮らし、大学生活を送るなかで、関西生まれの友人と接するうちに私が抱いていたイメージはそのままだと感じました。私の関西は「大阪」「神戸」「京都」です。三都物語としてJR西日本が広告していたからかもしれません。

第6章　京都の存在

　「京都」と私の初出会いは、中学生のときに行った修学旅行のときでした。九州で過ごしてきた私から見た「京都」は、何よりも新鮮で輝かしい都市でした。歴史で習ったような町屋、神社が目の前にありました。修学旅行に発つ前までは、「京都にはお寺や寺院しかなく面白くなさそう」と思っていましたが、実際に目の当たりにした後、そんな思いは、すべてくつがえりました。実物のすごさは写真や映画ではわかりません。その場所の空気はそこに行かなければわかりません。このようにメディアが発達した現代でも、旅行に人気があるのは、そこに行き、そのものの存在を確かめるためだと思います。

　そして今、京都に近い地域で生活をしていることにまだ少し違和感がありますが、前よりも京都を身近に感じることができます。九州に住んでいるときは「京都」に対しては伝統や文化を大切にしていて、「日本の文化」を象徴するもの、落ち着いてのんびりしたイメージだけでした。身近になることで、京都に対する思いや考えは変化しました。「人が生活している、住んでいる古都」というように、今を生きていることの存在を感じるのです。これは当たり前のことかもしれませんが、しかし、私には京都に対する意識変化であると思います。

　「京都」が身近になって約2年が経ちました。この2年間で私は京都に何度も何度も足を運びました。私の住んでいる下宿からは電車で20〜30分で行くことができます。大阪市内よりも頻繁に私は行っています。18年間、九州の田舎暮らしをしてきた私からすれば、このように頻繁に京都に行くことは考えてもみないことでした。私はファッションに興味がありますから、京都には主に買い物に行きます。何度も足を運ぶうちに、お気に入りの店もできました。店も大阪とはまったく雰囲気が違い、殺伐した感じがなく、ゆっくりと焦ることなく買い物をすることができます。「焦ることなく」というのは、大阪では何かに追われている、押しつけられているという感じが店内でするからです。大阪の店内では、私が品物を見ていれば店員さんが、ここぞと言わんばかりに商品の説明をしにきます。私にはどこかせっかちで窮屈な感じがします。京都では店全体が落ち着いており、ゆったりした時間や居心地よさを強く感じるこ

とができます。歴史がつくりだした「生活感」を持っていると思います。私はそのような空間が好きで、何度も京都に行きたいと思うのでしょう。京都は、伝統工芸だけではなく、オシャレなショップやカフェ、雑貨屋も多く、長時間楽しむことのできる街の雰囲気を持っています。現在の京都をひしひしと感じます。

　私がいつも行くショップやカフェ、雑貨屋には観光客がいます。週末や長期的な休みになると落ち着いている京都も少し違う表情に変化することがあります。外国からの観光客をはじめ、地方からのバス旅行ツアー、家族旅行と、手にカメラ・市内マップ図を持った人々があふれかえっています。写真を撮ったり、名物のお菓子を食べたりと、観光客の目は京都らしきものを求めています。私は、なぜ京都にこのように多くの観光客が集まるのだろう、と考えるようになりました。最初は、私が中学生のときに思っていたように「伝統や日本文化の象徴」といったイメージを求めるためや、「歴史ある建築物」が残っている、「伝統的な和食を体験できる」というような思いを持って、京都には多くの観光客が集まる、と思っていました。なぜならば、観光客のほとんどの人は「日本＝京都」、「和＝京都」というイメージがあると思ったからです。私もそのうちの一人でした。しかし、最近ではそれだけではないことに気がつきました。土日の休みにもなると、京都はたくさんの観光客をはじめ、買い物をする人、デートをする人、仕事に向かう人など、多くの人々がいっせいに動いています。今を生活している中で、京都は伝統ばかりで時を刻んでいるのではないのです。私は、京都に来る観光客は、最初は、神社仏閣に行き、次には食を楽しみ、最後には京都の日常を楽しむようになる気がします。楽しみ方の奥が深いのです。だからこそ、京都にはリピーターが多いのです。それは、私たちの心に存在する日本の都市が京都だからかもしれません。私たちは昭和レトロを懐かしむ気持ちと、将来の革新を期待する気持ちとの両面を持っています。その両面をもっている京都だからこそ、人々に存在を認められるのではないかと、最近思っています。

▲ ───京都は森田の書いているとおり、伝統と革新の街である。それを産業クラスターからではなく、日常から感じたところに意味があると考える。また、「観光客のほとんどの人は「日本＝京都」、「和＝京都」というイメージがある」と言うが、これはステレオタイプ的なイメージの典型ではないか、と考える。つまり、多くの観光客が京都に求めてきたことが、「和」であり、「日本文化の源流」であったということだ。

　しかし、京都自体は、常に新しい挑戦をしている都市である。たとえば、神社・仏閣の近くには和菓子が似合うと思い込んでいるが、実際には、京都三条の村上開新堂のような名代の洋菓子の店もある。こういう店は、地元の人のみならず、全国に多くの顧客をもっている。また、古い物を扱う店ばかりではなく、京都の街中には、森田が述べたように、しゃれた若者向けのショップもたくさん存在するのである。京都の存在は、それが日本、和を想起させる存在であると共に、都市としての発展や進化をもち、若者をあきさせない流行の最先端でもあるところであろう。しかも、その流行が下品ではなく、品を感じさせるところが京都らしさである。そういえば、2007年ほど、品という言葉がよく使われた年はなかった。テレビ番組でも書籍でも、「品格」「品性」という言葉が目についた。京都人が使用する品格とは少し異なっているかもしれないが、品の有る無しを美意識の尺度としてもっているからこそ、京都は、京都らしさを失わずに存在しつづけているのである。景観を法律化する発想も、その現れである。

　さらに京都の存在価値についての報告を紹介する。これは学生が、昔ながらの商品で、商売をしている店をリサーチした結果報告である。

看板のいらない店

堀　あゆみ

　三条大橋のそばに昔ながらの木造の店がありました。周りの店にはない、かわらの屋根が残っていました。その店では、最近あまり見かけない棕櫚で作られたほうきやブラシが売っていました。店構えから商品まで、すべて自然素材を使っていて、歴史を感じさせる店です。店の人の話では、ほうきやブラシは、用途によってすべて材料が違うそうです。

そしてここで売っているほうきやブラシの多くが、棕櫚を材料にしています。棕櫚のほうきは、掃く時にゴミが舞わないことや、ほこりがたちにくいことなど、ほうきの材料として適しているそうです。そしてここでは、ほうきの正しい掃き方まで教えてくれます。「良い物はちゃんと使うことで長持ちする、良い物でも間違った使い方をするとすぐにだめになる」と店主は教えて下さいました。実際に、棕櫚の同じほうきを40年間使い続けている方もおられるそうです。

　この店には看板がありません。三条大橋のそばは観光客などが多く、コンビニや旅館、パチンコ屋などが賑やかな看板を掲げていました。この店が看板を掲げない理由は「商品が宣伝」だからということでした。京都には老舗の店が多く、そこの店の人たちがここの商品を使うことによって、またその商品が他の人の目にとまり、そうやって広がっていくことが多いと店主は言っておられました。こちらから宣伝をしなくても、良い物を作っていれば自然と広がって、宣伝するよりも多くの根強い顧客がつくことを教えてもらいました。そしてここのお店の商品は30年間ずっと同じ値段で値上げも値下げもしていないそうです。"昔からかわらない"というのが多くの人に喜んでもらえているそうです。

　ここ10年ほどで、この店の周りはすっかり変わりました。観光客などの増加により、店を改築したり、大々的に宣伝をしたりする店も出てきたそうです。その中で取材させてもらったこの看板のない店は、昔から変わらず、ずっと同じ商売の精神を貫いていました。「京都の昔ながらの良さに注目が集まっている今、流行に乗り、店を変えなくてよかった」と店主は言っておられました。変わらない、それが京都の存在価値なのかもしれません。

▲―――堀は、京都の存在価値を、京都で商売をしている店主の精神から学んだ。変わらないことは、時代の流れの中では難しいことである。その時代の波を超えていく努力も必要である。もちろん、方針は同じであったとしても、細やかな商品構成や顧客対応はニーズに合致していかなければならない。コンセプトをかえずに、時代を乗り越えていける力を存在価値に結びつけて

いる報告であった。

　次に、森田が、寺町と御幸町通りを、花村が、新京極商店街を、そして堀が、京都河原町を歩いたレポートを紹介する。寺町通、御幸町通り、新京極商店街いずれも駅から近く、便利なので、多くの学生たちが訪れた場所である。彼らは河原町周辺を歩いたことによって感じた京都の町の日常風景をつづっている。京都は観光地であるが、そこでは、庶民の日常生活も営まれている。学生が、散策という形で京都で何を感じたかを次に紹介する。

「寺町通り」・「御幸町通り」

森田　大貴

　京都にいくつもある「通り」について報告をする。京都には興味をそそる「通り」がある。どの都市にでもメインストリートは必ずあり、有名な道もあるが、京都の各通りに独特の趣や雰囲気を感じさせてくれる。ここでは、「寺町通り」と「御幸町通り」の2つの通りを歩いて感じたことを述べる。

　まず「寺町通り」であるが、平安京開設時の東京極大路に当たる通りである。豊臣秀吉によって、1590年頃から大規模に進められた京都大改造により、市中に散在する寺院が通りの東側に強制的に移転させられたことから「寺町通り」と呼ばれるようになったそうだ。寺町通りは老舗を感じさせるお店が多く存在する商店街である。観光客や修学旅行生をターゲットとした雰囲気や店並みは少なく、落ち着いており、地元の人々の生活に密着している。古都の雰囲気を感じることのできる通りである。下町の情緒あふれる場所といってもいいかもしれない。流行に流されることなく、地元の人々と時を過ごしてきた場所であると私は思う。

　次に「御幸町通り」であるが、ここも豊臣秀吉によって1590年頃から大規模に進められた京都大改造により開かれた通りである。その名の由来は、秀吉が禁裏御所に参内するときに利用したことからとも、天子が御幸になることからとも言われている。御幸町通りには、オシャレな洋服店・古着屋・雑貨屋などがある。ファッションに興味のある私にとってたいへん居心地がよく、一番楽しむことのできる通りである。他の

通りとは違い、年齢層も若く、オシャレな人も多い。どこか東京の「裏原宿」の要素を持っていると私は強く感じた。オープンテラスのカフェでティータイムを楽しんでいるカップルや夫婦、古着屋の前で話しているショップ店員など、御幸町通りは「癒しの空間」や「自分なりのスタイル」を提供してくれる通りではないかと思う。昔のよさを消すことなく残して、今の最先端の流行などとミックスさせることにより、誰にでも好まれる、魅力あふれる通りである。これからますます栄える通りではないかと歩きながら深く思った。

　寺町は地元の客を、御幸町通や新京極は若者や修学旅行生を、ターゲットにしている。完全に商店街ごとに棲み分けができているのである。「京都まで来てマクドナルドに入るのか」と、ある年配者が以前の報告会で発言をされていた。それは、若者たちにとっては当たり前の行動である。マクドナルドは比較的安価で食することができる。京都にきたからといって、観光客対象の高価の店にばかり行くことはできない。それに自分たちは、日常的に懐石料理を楽しんでいるわけでもない。和食といっても、茶碗蒸しや煮魚などをどの程度の頻度で食しているであろう。若者らにとって、マクドナルドやケンタッキーは、一息つくために必要な場所である。これらをすべて排除してしまえば、おそらく若者がここに集うことにも影響が出てくるであろう。

新京極商店街

花村　奈々枝

　新京極商店街に行きました。若者に限らず、お年寄りや地方と外国からの観光客など、幅広い層の人がいて、大阪の商店街ではあまり見ない光景だと思いました。商店街には若者向けの洋服屋さんや靴屋さんなどもあり、買い物もしやすく、私も度々友達と買い物やご飯を食べたい時に利用します。その他にも、千枚漬けのお店や、雑貨屋さんが目立ちました。その中でも特に気をひかれた雑貨屋があります。フリース素材の和柄のスリッパやお財布巾着など品揃えがたくさんあり、中ではお茶なども売られている店です。お茶の種類も豊富で若者受けしそうなかわい

らしい商品がたくさんありました。もう1つ気をひかれる店は、ロンドン焼きの店です。ロンドン焼きは私のお気に入りで、新京極にいけば必ず食べます。ロンドン焼きの中身は白あんで、一口サイズの甘さひかえめのカステラ饅頭です。1個売りからしてくれます。1個の値段は52円です。買うために並んでいる間に、窓から饅頭の作られていく工程を見ることができます。饅頭が次々とできていく様子が楽しいです。

　千枚漬けのお店の前には若者向けのアクセサリーショップがあったり、お洒落なカフェやレストランがあります。業種の組み合わせがミスマッチな感じがしますが、どのお店も外装が派手でなく、特に違和感はありません。大阪では和柄の雑貨などを取り扱っているお店などはほとんどなく、日本をイメージするものも少ないと思いますが、京都へ行くと日本という国を意識することができます。京都は忘れかけた日本を思い出すために、そしてそれが歴史の中に埋もれてしまわないように、今を語れるように存在しているのかもしません。

▲───「ロンドン焼きは1個売りからしてくれます。1個の値段は52円です。買うために並んでいます」という報告のとおり、いつも店の前には行列がある。外国人にとって、奇異に見える光景だろう。並ばなければ買えないくらいなら、よその店にいくと彼らは言う。日本人は並ぶのが好きだと笑う。お客を並ばせるなんてどんでもない、と言う留学生もいる。しかし、日本では行列は悪い意味ではなく、行列ができるほど良いものを売っているというアピールになっている。そもそも並ぶことが苦痛ではないから、並んでいるのである。京都には、そこかしこに行列ができる。観光客は並んでいる間にも、商品が作られる行程を見て楽しんだり、道行く人を眺めたりして、それなりに楽しんでいるのである。

京を歩く－四条河原町－

堀　あゆみ

　2007年11月10日、私は阪急電車で四条河原町まで行きました。通学で私は毎日、阪急電車を使っています。車内の吊り広告は、京都の紅葉

について宣伝しています。四条河原町に着き、三条を目指して歩きました。歩きながら周りの商店街や町並みを見ていると、店の数や広さは大阪とあまりかわりはないのですが、建物の造りが大阪とは違いました。大阪は高層ビルが多く、木造の建物はあまり見かけません。それに比べると京都の河原町は木造の建物が多く、いたるところに木が使われています。

　以前、新聞やテレビで京都の建物の高さが制限されたというニュースを見ました。建物の高さが制限されているため、四条や三条は京都では発展している場所ですが、ここからでも京都の山々を見ることが出来ます。三条を歩いていると、喫茶店の看板には抹茶を宣伝している所が多かったです。三条大橋から鴨川に下り、鴨川沿いを歩き、また四条に戻りました。鴨川沿いには昔ながらの木造の店が多く、店の高さが揃えられていました。私が鴨川沿いを歩いたのが6時過ぎということもあり、ほとんどの店が灯籠をつけていました。灯籠がオレンジと赤色とに揃えられていて、とても暖かさを感じる色でした。歩いていても、周りはとても静かで川の音だけが聞こえてきます。四条に戻り、祇園を目指して歩きました。祇園商店街にはお団子屋さんが多く、老舗のお店が目立ちました。都乃だんご「みよしや」には人々が長蛇の列を作っていました。私もその列に並び、30分ほど待ってお団子を食べることが出来ましたが、京都で食べるお団子は格別でした。そこのお店では、持ち帰りにはお団子を笹で巻いてくれます。昔ながらの笹に巻くという風情が、京都らしいと思いました。

　八坂神社まで行き、反対の通りの商店街を歩き、河原町まで行きました。歩いている途中、祇園のあたりで1軒だけパチンコ屋がありました。パチンコ屋といえば派手でうるさいなどのイメージありましたが、ここのパチンコ屋は通常のパチンコ屋よりも音が小さく、あまり外に音漏れもありません。ライトもひかえめで、落ち着いた雰囲気を感じました。帰りの電車に乗り、かなりの距離を歩いたと、後で気づきましたが、歩いている時はその疲れも感じませんでした。京都にはそれだけ周りのものや風景に人を引き付けるものがあったのだと思います。

▲———繁華街には多くの学生たちが行った。とくに、四条河原町、三条京阪、JR京都駅は、それぞれ茨木や大阪から行く時には拠点の駅となる。そこからバスに乗ったり、地下鉄に乗ったりして、京都の町に散らばっていった。京都のバス事情や道路事情にも思うところがあったようである。ここでは森田が感じた京都の交通事情についての報告とあわせて、岩本が調べた京都のとおり名に関する報告書を紹介する。

交通事情

森田　大貴

　京都に対して、何よりも苦痛に思うことは、「狭い歩道」である。その狭い歩道には人がひしめき合っている。車道も同じで、土日祝になると100円バスが京都のメイン通りの四条河原町通りを占拠する。観光で来ている車、タクシー、市バスなどで、常に自然渋滞となっている。この「交通問題を見直そう」「交通問題を解消しよう」と2007年10月に、交通問題を考えるプロジェクトが実施された。具体的には京都のメイン通りの四条河原町通りの一般車両の通行を禁止し、狭かった歩道を一時的に広くした。3〜4日間の試みであったのだが、京都全体がゆっくりとした時を過ごすことができたと、このプロジェクトを支持する声が多く聞かれたことをニュースで知った。多くの観光客、買い物で人が集まる京都には、やはりこの交通問題がネックであると思う。実施したプロジェクト結果を考慮し、スムーズに車の流れる京都をつくっていかなければならない。

　京都には昔も今も変わることのない「日本文化の象徴」が多くある。景観や歴史ある建物はもちろんであるが、京都に来たら感じることのできる空気や雰囲気、趣をそのままずっと肌で感じられるようにしたい。いつまでも、そのような存在であるためには、歩いてもらえる京都であることも必要である。しかし、高齢化社会を考えた場合、電動の移動装置をはじめ、車イスなど、道幅を考慮しなければ移動ができない人々もいる。交通問題は、車やバスの渋滞だけの話ではない。我々の近未来の移動手段の変化に対応しなければならないのである。

京の通り名

岩本　聡

「丸竹夷二押御池姉三六角蛸……（まるたけえびすにおしおいけあねさんろっかくたこにしき……）」これは「京の通り名」を覚えやすいように歌にされたものです。実際はとても長く、十条通り歌になっています。よく歌われるのは錦小路（にしき）通りまでで続きを知っている人は少ないです。これは京都の中心市街地の東西の道を歌われたもので、南北の道を歌われたものは別にあります。しかし、生まれてずっと京都に住んでいますが、それを聞いたことはありません。

京都の通りは似たような通りが多いので、免許をとったばかりの学生が車でどこかに行こうとすると迷います。初めての場所へ行くときはナビが必要です。一度道に迷うと、今自分が何処にいるのか、東西南北どちらに向かっているのか全くわからなくなります。

ただし、「京の通り名」を覚えていると看板や番地から、今、自分がどこにいるのか、どちらの方角に進んでいるかはわかります。このわらべ歌を唄えるようになると道に迷うことはなくなるかもしれません。京都では道案内をするときに上る、下る、東入る、西入るという言葉を使います。上るは北へ行く、下るは南に行くという意味です。京都検定などで、多くの神社仏閣の由来を勉強する機会はありそうですが、道に対する知識も、京都を移動する時には役立ちそうです。以下に京の通り名を記しておきます。

(1) 東西に通る道を覚える歌（まるたけえびす）

丸竹夷二押御池　姉三六角蛸錦　四綾仏高松万五条　雪駄ちゃらちゃら　魚の棚　六条三哲とおりすぎ　七条こえれば八九条　十条東寺でとどめさす

まる	丸太町通	たけ	竹屋町通	えびす	夷川通
に	二条通	おし	押小路通	おいけ	御池通
あね	姉小路通	さん	三条通	ろっかく	六角通

たこ	蛸薬師通	にしき	錦小路通	し	四条通
あや	綾小路通	ぶつ	仏光寺通	たか	高辻通
まつ	松原通	まん	万寿寺通	ごじょう	五条通
せった	雪駄屋町通	ちゃらちゃら	鍵屋町通	うおのたな	魚の棚通
ろくじょう	六条通	さんてつ	三哲通	しちじょう	七条通
はち	八条通	くじょう	九条通	じゅうじょう	十条通

(2) 南北に通る道を覚える歌（てらごこ）
寺御幸麩屋町富み柳堺　高間東車屋町　鳥両替室衣　新町釜座西小川　油醒ケ井で堀川の水　葭屋猪黒大宮へ　松日暮に智恵光院　浄福千本はては西陣

てら	寺町通	ごこ	御幸町通	ふや	麩屋町通
とみ	富小路通	やなぎ	柳馬場通	さか	堺町通
たか	高倉通	あいの	間之町通	ひがし	東洞院通
くるま	車屋町通	からすま	烏丸通	りょう	両替町通
むろ	室町通	こ	衣棚通	しん	新町通
かま	釜座通	にし	西洞院通	おがわ	小川通
あぶら	油小路通	さめ	醒ケ井通	ほり	堀川通
よしや	葭屋町通	いの	猪熊通	くろ	黒門通
おおみや	大宮通	まつ	松屋町通	ひぐらし	日暮通
ちえこういん	智恵光院通	じょうふく	浄福寺通	せんぼん	千本通

▲―――以上の学生の報告からは、3つのことがうかがえる。

① 京都と日本、和との結びつきである。京都を日本代表のような存在として位置づけている。和の文化を継承している都市という意識である。

② 空間、空気、風景が他地域と異なることを意識している。とくに、近隣の大阪の猥雑さとの比較から、静かな上品な空間であると意識している。

③ 古いものと新しいものの融合に魅力を感じている。これは商店街などの報告にも多く記されている。学生たちは古さばかりを評価しているわけでは

なく、日常の中に古いものが息づいていることを評価しているのである。身近な古さへの出会いである。

第2節 身近な古さとの出会い

　古いものと新しいものとが融合された中で、新旧のバランスをとりながら、日々進化している都市が京都である。たとえば、学生は以下のようにそのバランスを感じている。

発展の中に息づく歴史

辻　勝規

　京都も他府県と同様に発展してきました。IT企業も多くあります。京セラや島津製作所の名前を知らない人はいません。しかし、京都は発展しながらも歴史を護ってきました。市内にはビルがたくさん建ち並んでいますが、教王護国寺、本願寺、二条城などの文化遺産が存在感を失くすことなく残っています。そして、平成6年12月には、国宝建造物や特別名勝庭園を有し、併せて周辺の風致景観が保護されている寺社及び城17件が、世界文化遺産「古都京都の文化財」として登録されました。しかし、文化遺産は、特定の場所だけにあるのではありません。若者の集まる新京極通りにも、錦天満宮、誠心院、誓願寺、安養寺、永福寺（蛸薬師）などの寺社が残っています。錦天満宮は、新京極と錦市場の接点にあり、町のど真ん中に位置し、繁華街唯一の鎮守社で、知恵・学問・商才といった頭の神様で知られています。誠心院は、百人一首にでてくる平安の女流歌手の代表・和泉式部が初代住職だったと言われているところです。誓願寺は、飛鳥時代に開かれ、和泉式部の歌にも詠まれています。門をくぐると、阿弥陀如来が神々しく座っているのが印象的です。しかし、こんな歴史の深い寺社が繁華街の中にあることを私は知りませんでした。これらの寺社は、歴史の深さでは文化遺産にも負けて

いないと私は思います。だから、私は、他府県の人だけでなく、世界の人にも知ってほしいのです。京都は、日常の中に世界遺産がとけこんでいる都市なのです。

▲───買い物ができる商店街の中に、多くの歴史物があるということを辻は強調している。そして、無名の小さな寺にも長い歴史があることを知り、京都在住の辻はあらためて感慨深い思いをした。辻だけではなく、多くの学生は、今回のプロジェクトで、日常の中の古いものへの理解が深まった。同じく京都出身の中川も以下のような報告をしている。

隠れた名スポット山科

中川　晃士

　京都市は盆地になっており、周りが山に囲まれているので、市内を見渡すことのできる場所がたくさんあります。京都では将軍塚というところが有名な市内を見渡せる場所になっています。ここでは、あえて山科区にあるスポットを紹介したいと思います。

　山科の京都橘大学の裏の山道を上って行くと、笠原寺（りゅうげんじ）というお寺があります。その付近から西の方角を見ると、山科区を一望することができます。その景色には時間帯によって違う表情があります。西の方角なので夕日を楽しむこともできます。日が落ちて、7時か8時くらいから12時くらいまでは、会社などの電気の光で山科全体が輝いて見えます。夜半の12時を過ぎると電気がほとんど消えて、山科区内が暗くなり、山科を横断している名神高速道路を走っている車のライトの光が川のように見えます。それは、七夕の天の川が地上に映し出されたかのように光り輝いています。ここは観光客が少ない所ですが、夜の風景は京都の将軍塚にも私は負けないと思っています。

▲───中川の言うように、刻々と変わる風景は絶品であるが、地元の人々が知っている風景を観光客に提供できるようにするためには、ただ単に見えるだけではなく、提供の方法や工夫が必要となる。日本中のあらゆる都市や

地域には、それぞれに特別な場所がある。しかし、それを他府県の人々に観光スポットとして提供できるかどうかは、その周辺の環境や状況にもよる。そして、京都の面白さは、観光資源の多さに加えて、その提供の仕方をこころえていることだ。

また、京都では、身近に古さを感じることができるが、それらはテーマパークの張りぼてとは違って、現役で活用されていることも大事だ。看板のない店で売られている数々の品物もそうであるが、それは、今を生きている私たちに語りかけてくる存在なのである。

第3節 自然を感じる京都

学生の多くは、京都ブランドのひとつとして、鴨川をはじめ、豊かな水をあげている。また、山々の緑、川沿いの柳など、大阪にはない自然の身近さが京都の特徴であると感じている。ここでは2つの報告を例示する。ひとつは照明器具の材料である木について、もうひとつは水についてである。

究極のエコ

堀　あゆみ

祇園商店街で照明器具を扱っているお店を見つけました。照明器具といってもライトや蛍光灯といった照明器具ではなく、木で作られたとてもシンプルな照明器具です。そのお店にあった照明器具は、すべて木の枠に和紙やスパン紙といった紙を貼り付けて一つ一つ手作りで作っているそうです。スパン紙は和紙に比べると紙自体にコシがあり、光の透過率が良く、痛みが少ないため、実用的だそうです。和紙は光の熱によって紙がもろくなってしまうので、張替えの時期が短いようです。料亭や旅館など老舗の店で多く使われています。昔は個人宅の需要が多かったようですが、今は料亭などのお店の需要の方が多くなりました。便利さや安さだけを求めている現代では、家庭の照明器具には向かないのだな

と思いました。しかし、木と紙で作られているこの照明器具は、紙が痛めば張り替える、木が傷めば組みなおす、といったように「究極のエコ」だとお店の方はおっしゃっていました。

さて、照明器具の枠組みに使われている木には、日本の秋田杉とアメリカの米杉の2種類があります。杉の油の含有量の違いで、米杉は光を当たり続けると黒くなってしまうのに比べ、秋田杉はあめ色になり、使えば使うほど木肌の味がでてくるそうです。また、秋田杉のほうが痛みも少なく長持ちするそうです。日本にある素材で日本のものを作るのが長持ちして何よりもいいようです。料亭や旅館などの老舗のお店が歴史を感じさせてくれるのは、こういう照明器具のひとつにかけてもこだわりというのがあるからだと思いました。

お店の方が光の具合をあらわす時に、「和紙は光がはんなりする」と言っていました。私は「はんなり」という言葉を大阪などで聞いたことがありません。この「はんなり」という言葉も木の照明器具と同様にが京都を表していると感じました。

京都の水

今井　達也

私は京都の水について調べてきました。京都は、盆地という土地柄のため、地下水も町のいたる所から湧き出て、美味しくいただくことができます。

京都盆地は、今から約80万年前に形成されたといわれ、2つの過程を経て誕生しました。

1つ目は、盆地に降り注いだ雨水が長い年月をかけて大地にしみこみ、地下水として豊富に蓄えられたこと。2つ目は、京都を流れる川に要因があります。たとえば「鴨川」で説明すると、鴨川は長い歴史の中で何度も川筋が変わり、過去に京都盆地で流れ出た川の水も地下に溜められています。長い歴史を経て、現在の京都盆地の地下には琵琶湖に匹敵する水量が蓄えられているのです。

水には硬水と軟水があります。成分からに見れば日本の天然水は軟水

です。中でも、京都の水は硬度が低めです。あっさりしていて料理に使っても、素材の味わいを損なわない水です。京都の地下水がくせのない軟水だったので、豆腐や湯葉などとよく合っています。

　染物は、真言宗雨宝院の境内にある染殿井は今も水がわき、この井戸は「染め物がよく染まる」と職人達から重宝がられました。酒は、伏見八名水と言われる8つの湧き水があり、水質は、カリウム、カルシウムなどをバランスよく含んでいます。この硬水は、まろやかな風味で酒造に最適な環境を満たしています。茶は、宇治七名水と言われ、室町時代に三代将軍義満が宇治茶の生産を奨励し、宇治に特別に茶園を拓かせたことに始まります。京都のように、硬度の低い水はお茶を入れるにも適していて、茶葉の持つまろやかな甘みや香りが抽出されます。

　さまざまなもの作りには、それに適した水があります。京都の料理、酒造、茶道などは、京盆地の地下に貯えられた豊かな地下水の恩恵を今もこうむっています。水は京都の衣食住において必要不可欠な存在です。今回、京都の水について調べた結果、普段、私たちが何気なく接している水も、使い方によってそれぞれの特質が大きく異なり、素材本来の良さを引き立てるには、それに似合った水が命を与えるということがわかりました。地域の文化も生活も、水との関わりの中で生まれてきたことを痛感しました。

▲―――上記の2名の報告のように、木や水から生まれた京都の文化の良さを理解できるようになったのは、リサーチの成果である。

第4節 事象から推察する京都らしさ

　この節では、様々な角度から京都をとらえた学生たちの報告を紹介する。昨年度はほとんどが神社仏閣へ行った報告であったが、京都らしさは何かというテーマを本年度は明確にしていたので、それぞれの視点から京都らしさ

が推察できるようになった。

　では、われわれは、何をもって京都らしいと感じるのであろうか。いちばんわかりやすい例はおみやげである。おみやげは本来、「旅先で求め帰り人に贈る、その土地の産物」（『広辞苑』p.2311）である。有名な観光地であればあるほど、おみやげものも充実している。そこで、京都らしさを考える上で、京都のおみやげに着目した学生の報告書をここで紹介する。

京みやげ

斎木　徹

　京都という町は1年を通じ、日本はもちろん海外からもたくさん観光客が訪れる。京都には数え切れないくらいの種類のみやげがある。京都の玄関であるJR京都駅で目にするみやげの代表格は「八つ橋」である。

　さて、私は2007年11月8日に清水寺に行った。平日にもかかわらず、たくさんの人でにぎわっていた。ここは外国人観光客と修学旅行生が多い。これら大勢の観光客が拝観を終えた後に、向かう先は参道に連なるおみやげ屋さんである。どの店舗を見ても、まず目に入るのが「八つ橋」である。八つ橋は上新粉（米粉）、砂糖、ニッキ（肉桂・シナモン）の粉末を混ぜて生地を作り、薄く焼き上げたせんべいの一種で、焼かずに蒸しあげたものは生八ツ橋と呼ばれる。見た目は瓦せんべいのような色合い・質感で、味は後味にほんのりニッキの香りが漂う独特の味である。この八つ橋が、名称やメーカーなどは違っても、必ずといってよいほど、どの店でも売られている。清水寺の参道には、製造元会社の支店が店舗を構えており、お茶の無料サービスがある。店内に入ると、椅子が置いてあり、腰を下ろしてゆっくりとお茶を飲めるようになっていた。その上、試食用の八つ橋や生八つ橋も豊富に置かれており、それらをいただきながら、お茶を飲むことができる空間となっていた。譬えるなら、昔話によく出てくる「旅人が立ち寄るだんご屋」といった感じであった。

　八つ橋以外に多いおみやげは、京野菜である蕪（かぶ）を酢漬けにした千枚漬けや、精進料理の材料のひとつとして有名な湯葉が多く見受けられた。また一方で、京扇子や陶器などの「伝統工芸品」といわれるも

のも数多く売られていた。京扇子は色鮮やかなデザインの物から少し落ち着いた配色の物まで、多くの種類がある。京扇子は安い物なら1000円程で手に入れることができる。陶器も湯呑程度なら1000円以下で入手できる物も数多くあった。京都の伝統工芸品というと、どれも価格が高くて手が届かないと思ってしまいがちだが、意外にもリーズナブルでお買い得だ。

　多くのおみやげが清水寺の参道に置かれていたが、違和感はなく、京みやげが、「京都」という雰囲気をより高めていたように感じられた。このように京みやげは、単なるおみやげではなく、それらを売っている店舗を含めて観光地を作り上げている。

▲———京みやげが京都の雰囲気を盛り上げるという視点はユニークである。京都にきたのだから、京らしいものを求めることは当たり前であるが、その心理をくみ取って、参道では特に京都らしさが演出されているのである。

赤い鳥居と焼きすずめ

高橋　真菜

　私は11月に友達と全国の稲荷神社の総本山である伏見稲荷大社へ行きました。伏見稲荷大社は、稲荷駅の改札を出てすぐ目の前にありました。土曜日だったせいか、人の数が多く、交通整備のために警備員の人達がいるほどで驚きました。私は、お参りに来るのはお年寄りの方達ばかりだ、と思っていました。しかし、実際に行ってみると若い人達も多く、カップルもたくさん見かけました。そして外国の方達も何人か見かりました。

　伏見稲荷大社の参道を歩くと、おみやげ店が並んでいます。とくに目についたものは、すずめの焼鳥でした。驚きました。すずめを食べるという発想がありませんでした。食べる勇気がなかったので食べませんでした。普通の焼鳥と味は変わらないのかもしれません。おみやげにとたくさんすずめの焼き鳥も並んでいましたが、やはりすずめ丸ごとなので、グロテスクです。

何よりも「これが京都だ」と思ったのが、ひたすら連なっている真っ赤な鳥居でした。伏見稲荷大社には有名な「千本鳥居」があります。私は鳥居の中を歩いて感動しました。千本鳥居をくぐると幻想的で、不思議な気持ちになりました。

　私が住んでいる大阪にも良い所はたくさんあります。しかし、これほど癒される街並みがあるのは京都だけでしょう。京都の良さは、古いのだけれど、今をうつしていて、そして驚きや発見があるところだと思います。

▲───次に、京都らしさをブランドから考えた報告を紹介する。

京の食ブランド

辻　勝規

　京都らしさについて考えてみた。神社・仏閣ならば奈良にも大阪にもある。京都のどのような事象から、我々は京都らしさを感じるのであろうか。

　私は、京都らしさを「京食のブランド化」であると考えた。京食のイメージは、京野菜、豆腐ではないだろうか。どちらも高級で有名料理店で使われているというイメージがわいてくると思う。そして、その先には京都のおばんざい、懐石料理と発展するのである。

　京都は海から遠く、魚介類の入手が難しかったため、代わりに野菜など土から獲れるものが発達した。寺社などから精進料理が発達し、味わい深い野菜が地元で育成され続けた。懐石料理は、一般家庭というよりは料理人の世界である。京野菜も豆腐も料理人に好まれて使われている。料理人に使われることによってメディアに露出する機会がふえ、ブランドイメージがついた。

　たとえば「ルイ・ヴィトン」は、1867年に、世界博覧会で銅メダルを獲得した。これにより世界的評価を得て、エジプトの総督やロシアの皇太子、スペインの国王からトランクの受注をうけた。つまり、いいものを作り、メディアを活用すれば、ブランド力が高まるのである。京は、

ブランド化を意識している。自分たちの作っている物に誇りをもって仕事をしている。それが高品質の物を作りあげることにつながり、消費者に安心感を与え、ブランドイメージにつながっているのだ。つまり、メディアの活用と、職人たちのこだわりが、京野菜、京豆腐をブランド化し、そこから京都らしさのイメージが生まれてきたと考える。京都らしさは演出力である。

▲———辻勝規は、このようにメディア活用から京食ブランドができたと説明し、そこから京食イメージがひろがったと考えている。そして、京都らしさはブランドの演出である、と結論づけている。メディアは、情報発信のさいに、その物自体だけではなく、物にまつわる由来や物語をくっつけて発信してくれる。その由来や物語は語り伝えられているうちに変容していくこともあるが、京都の歴史を語るものは、いつまでも、人々の心に響くのである。『源氏物語』もそのひとつである。日本人も現代語訳で読むのであるが、中国語にも訳されている。ここではそれを読んだ中国人留学生の感想を紹介しておく。

源氏物語

丁　閏

　私は中国にいる時に『源氏物語』という本を読んだことがあった。もちろん中国語の訳本だ。『源氏物語』の舞台は京都である。架空の物語だというのに、京都には何故か登場人物のお墓があったり、光源氏のモデルとなった源融ゆかりの史跡も点在している。物語が体感できる風俗博物館が人気を呼んでいるので、光源氏と女性達に思いを馳せつつ、京都市内のゆかりの史跡を巡ってみた。以下にその報告をする。

　京都駅から歩いて15分くらいだが、第一目的地とする西本願寺前の井筒ビル5Fにある『源氏物語』の風俗博物館に行った。館内には、光源氏と紫の上が住んだ六條院春の御殿の4分の1の模型と登場人物の人形、等身大人形や御帳台などが展示されている。華やかな舞楽の場面や当時の生活を再現している。平安時代の女房装束の特別なかさねの色目

の展示もあった。特に、平安の女性が捉えた春夏秋冬で色目と、それを重ねた色目の妙は、平安の美意識をよく現している。異国の文化の影響を色濃く受けていた唐様の時代を経て、しだいに日本独自の和様の文化が育まれた平安時代には、細やかに移ろいゆく四季の彩りをいかに機敏に捉えて装束の色目として表現するかという日本特有の文化が登場する。お香が焚かれ、雅楽が流れる。平安時代が体感できる博物館だった。

　風俗博物館から歩いて10分くらいで、第二目的地の渉成園に着いた。渉成園は東本願寺の別院である。光源氏のモデルといわれる源融の別荘・河原院の一部であると言われている。融が難波から潮水を運び、奥州・塩竈の景色に見立てて作ったと伝える。1641年に徳川家光が東本願寺に寄進し、石川丈山に庭園を作らせたという。幕末に二度の火災に遭い、建物は焼失したが、池水、石組みは当時のままだ。緑溢れる広々とした庭園で、「源氏物語」の昔が偲ばれる。渉成園の近くに、夕顔の墓がある。フィクションの人物の墓が実在するとは興味深いが、それだけ人々に『源氏物語』が愛されているということだろう。『源氏物語』に登場する場所の中で、いちばん行きたかった場所は京都御所だ。けれども、事前に予約しないと入れないとタクシー運転手が教えてくれた。残念ながら、今回は行けなかった。タクシー運転手の紹介で、紫式部が住み、『源氏物語』を執筆した廬山寺に行った。確かに、入り口には「源氏物語　執筆　紫式部　邸宅跡」の看板があった。中には紫式部の肖像画や『源氏物語』の各話の貝合わせが展示されている。静寂な庭園に立つと、まるで光源氏と人妻・空蝉の出会う風景が見えるようだ。

　留学生としての私は、歴史が非常に長い京都には、特別な文化財がねむっているというイメージであったが、今日は一番それを深く感じられた1日であった。

▲───学生にとって、京都らしさは、おみやげであったり、赤い鳥居であったり、食であったり、そして物語に縁がある場所から感じ取れるものだった。これらは、京都というイメージに合致する。京都らしさは建物やみやげ物だけからではなく、それらの複合や関連からのおのずと醸し出されるものだ。

たとえば、八つ橋を製造するメーカーは1つではなく、販売先も多い。おばんざいの店も数多く、湯豆腐が味わえる場所も多い。京都の近隣の観光地・神戸にも神戸牛や異人館など、神戸らしさを演出する商品や建造物はあるが、至るところでステーキハウスがあるわけでもないし、異人館が点在しているわけでもない。神戸市内の限られた場所や地域にあるだけである。

京都のつよさは、京都らしさをアピールできる素材の豊富さと、アピールできる場所、店の多さではないであろうか。次にその多さを感じて、調べた山本のレポートを紹介する。

京都の海外からの訪問者数とその受け入れ状態

山本　高裕

京都の街を歩いていると、外国人観光客をよく見かける。京都は日本の中でもおそらく一番、外国人観光客が多いのではないか。それは京都が日本を代表しているというアピールがあるからである。いわば、京都を世界に日本代表として発信しているのである。ここで、「外国人訪問者数が多い都道府県」を調べてみると、1位は東京である。続いて大阪、神奈川となり、京都は第4位であった。ただし、各地域の人口規模との対比で外国人訪問者数がどれだけ多いのかという指標（人口100人あたり外国人訪問者数を見ると）京都の指数は35.4で第1位であった。2位の東京の指数は27.0であった。これらはインターネットの社会実情データ図録で検索した結果である。

(http://www2.ttcn.ne.jp/~honkawa/7225.html)

また、ミシュラン社が実施したレストランやホテルの格付けでも京都は3つ星を獲得する施設が16箇所もある。これは日本の中でもっとも多い数字である。このことからも京都が海外からの観光客を受け入れる体制の整った都市であり、また、そこには現実的に多くの海外からの観光客がきているのである。単にアピールするだけではなく、訪問者が満足できるシステムを持っている京都は、日本の代表といってもやはり過言ではないと思う。

京都の魅力

丁　閏

　京都は外国人にとって魅力がある独特な都市です。私は中国の上海に生まれ育ちましたが、まだ日本に来る前にも、京都という場所を知っていました。それは、京都は、日本ツアーの中で、東京と大阪以外では、最も重要な観光都市であるからです。なぜ、外国人は京都に魅力を感じるのかですが、その理由は次のとおりです。

　京都はかつての日本の首都であり、政治、文化の中心地でした。そして「着物」「町屋」「古美術」「舞妓」「禅寺」「茶の湯」など、文化や宗教や産業などの面でも先進性を保ってきました（京文化＝和文化＝日本文化）。つまり、京文化と日本文化は同じものなのです。外国人から見た日本を象徴するものが京都文化です。外国人は京都の史跡、名勝、社寺など、日本の象徴を見るために京都に来るのだと思います。

　私自身が興味があるのは、京女と京都の雰囲気です。異国の私にとっての京女は、初めは単なる京都にいる女性に過ぎないものでした。しかし、彼女たちの独特の美しい言葉遣いや、さりげない振る舞いに心あらわれました。京都に生まれ育った女性で、京都弁を話す女性であるということだけで、京女を定義するのは十分ではないと思います。自分の中で、京都と社会的、文化的、歴史的、心理的などの繋がりを持っている人だけが京女ではないかと思います。つまり、生きている京文化を体現しているのが京女の魅力だと思います。

　京都の街並みや独特の雰囲気は、なぜかとても落ち着きます。京都が好きになりました。私は祇園と四条河原町をよく散策しています。祇園商店街の両側には、着物の試着や写真撮影のできるコーナーが設けられていて、若者がずらりと列を作っています。若者の間で着物への関心が薄れている時代の流れを消す対策の1つとして、若者の関心に目を向けた街づくりがあります。店員が着物姿のおしゃれなカフェも古い商店街を飾っています。着物姿のウェイトレスが「おいでやす」と迎えてくれます。京言葉が失われずに使われていました。柔らかくて、女性的で、

暖かい京言葉は、敬語や丁寧語がたいへん上手に使われていると私は思います。「おはようさんどす」「しはらしまへんのどすか」等を使ったのんびりした言い回しもその魅力の1つでしょう。

▲───上記の報告は中国からの留学生の丁が行ったものであるが、これに対して、大槻が以下のような報告をした。大槻は京都の言葉遣いや古い習慣に着目をしている。表と裏ではないが、やはり日本人にも日本語にも本音と建て前がある。たとえば、関西で「考えときます」ということは「NO」（否定）である。

京都の言葉と習慣

大槻　誠

　京都には方言ではなく、独特の意味合いの言葉と習慣がある。どうも本音と建て前があるような言い方がある。「京のお茶漬け」を知ったのは最近である。これは料理方法ではない。言いにくいことをはっきり言わずに婉曲に「遠慮をしなさい」という意味だ。同様に「おあがりよし」と言われて、ほいほいと家にあがってはいけない。「ここで帰って下さい」というニュアンスを含んでいるらしい。言葉以外にも珍しい習慣がある。「さかさ箒」である。これは、長居をする客がさっさと帰るようにという「まじない」である。食事の時間になっても居座っているような時、玄関や出入り口に箒をさかさまに立てておくというものだ。物事をはっきりと言わないで、こういう言葉や習慣が成立しているところも、長く日本の首都であり、政権が変わっていった歴史の中から生まれた知恵なのかもしれない。「畳の敷居をふまない」という習慣も京都から出たものだと聞いたことがある。敷居は人の頭と同じだという言い伝えである。いくつかは作法として、今の生活に取り入れられて生き続けている。いくつかは、たとえば箒などは、それが家にない家庭もあるであろうから、やがては消えてゆく習慣であろう。我々は言いたいことを明確に言うことがよいことだと思っていたが、そうはいかない現実の中で京都の言葉が生まれ、今も引き継がれていることを忘れてはならないので

ある。

▲———大槻の言うとおり、言葉も習慣も長い間にその地域に根付くものである。そういう意味では料理も同じである。郷土料理というが、その土地には、その土地の食材があり、それを料理することが本来ならば自然の営みであった。

　千魁が京料理について以下のように報告をしているので紹介する。千魁とその次に紹介する堤は共に、料理や祭から芸術を感じている。

京料理

千魁　亮

　京料理といえば、懐石料理を思い浮かべる人が多いのではないか。見た目に美しい料理である。盛りつけも色彩もこまやかな包丁さばきの技も、日本の代表食とも呼べるであろう。京料理は器もすばらしいと、テレビ番組で言っていたのを思い出す。清水焼の皿や器が和食をよりビジュアルにしている。大きな器に少しの量であって、若者としては寂しい気もするのだが、それも芸術なのかもしれない。京料理は、目で食べるものであって、決して満腹を期待するものではないのであろう。見慣れたなすびや大根も、美しい器と盛りつけで芸術になるのだ。懐石ほど位は高くはなくても、京にはおばんざいもある。これは、いわば「おふくろの味」のようなものだという。おばんざいは季節感あふれる食材で、我々をあたたかくむかえてくれる。ゆば、たけのこ、さばすし、ばうだら等。それでもあまり普段、我々のような学生が食するものではない。いつのまにか、我々はステーキをはじめとする肉の方になじみを感じるようになった。ハンバーグやオムレツという洋風のものが口にあう。

　京料理は、文化なのだ。だから料理ではあっても、そこに芸術を感じるのだ。今一度、和食を考えてみる必要がある。生活様式が変化しても、我々はどうしても日本人なのであって、肉を食べる文化の人々ではない。京料理は、特別な存在であってはならない。なぜならば、本当の日本人の食事を思い出させてくれるものかもしれないからである。

▲━━━千魁は京料理から日本人の食事に考えをめぐらせている、同様に、祭から日本人の感性を考えている堤の報告を以下に紹介をする。

祇園祭

堤　絵里菜

　京都の三大祭のひとつである祇園祭は毎年、夏におこなわれる。八坂神社の祭であるが、非常に有名である。この祭りの見所は、山鉾巡行と宵山であろう。山鉾が四条河原町を練り歩く姿には圧倒される。だんじりとは異なるまさに山のような大きさときらびやかさは動く芸術作品である。また、宵山、宵々山には旧家や老舗で、宝物の展示もおこなわれ、屏風祭という異名もあるそうだ。私は毎年17日には浴衣でこの祭を見に行く。浴衣でなければ、意味がないと思っている。祭りに染まるためには浴衣でなければならないのである。

　道に並ぶたくさんの屋台も、テンションがあがるアイテムであるし、各山鉾町で売られている「ちまき」も祇園祭らしさを演出している。祇園祭の意味は、歴史を調べればわかることである。しかし、祇園祭に染まるためには、浴衣でテレビなどではなく、暑い京都にこなければわからない。世の中には、現場にいかなければわからないこともある。祇園祭はまさにその中のひとつである。そして、本当に京都のすごさを感じるためには、祇園祭は、よい機会であると思う。ビルの谷間にそびえたつ山鉾を、青い夏空の下から見上げたら、そこに1000年の歴史が存在していると実感できるのである。

▲━━━千魁と堤は伝統の中から京都らしさを見出し、そこから芸術を感じている。西はこのふたりとは異なり、ジャパン・クールの代表であるアニメやフィギュアを買いに京都をしばしば訪れるという。西は京都には現代アートを感じるという。以下に西の報告を紹介する。

現代のジャポニズム

西　静仁

　私は京都には買い物に行きます。よく行く場所は新京極です。ここには、フィギュアやアニメに関する専門店があります。私は友人とその店で買い物をします。私は三重県からやってきました。もちろん、このようなフィギュアを販売する店は三重県にもあります。東京にいけば秋葉原に集中しているでしょう。私の楽しみはオタクのようなアニメだけではありません。その店の顧客は若い男性が多いのですが、修学旅行生もたくさんいます。その店の周囲には若い人が好むファーストフードの店もあります。また，雑然としているのですが、大阪とは異なり下品さはありません。

　最近、和柄のＴシャツが流行していますが、先日それを自分の手で作成し、販売している人にインタビューができました。かれのつくるＴシャツは風神・雷神、千手観音、龍、鯉、精獣など、どちらかといえば、硬派な感じのものがテーマになっています。たいへん不思議なことですが、これらのＴシャツからは野蛮な印象を受けません。図柄は勇ましいのですが、どこかありがたいのです。気品ともいうべきでしょうか。そこに、Ｔシャツという身近な西洋のものに、和ではあるのですが、ミスマッチをおこしていない新しい図柄があるのです。私はこれが現代アートのひとつかもしれないと思いました。製作者の西村さんは、私がインタビューをした時は新風館でワゴンで作品を販売する予定でしたが、ある大きな京都のビルの中に店を構えることになりました。私は西村さんのＴシャツのすごさがこんなにも早く認められたことに驚きと喜びを感じています。古いものだけがジャポニズムではなく、このような作品がどんどん日のめをみて、現代のジャポニズムを世界に発信してくれたらよいなと思いました。

☆―注釈

1) 「となりの目からみた京都」というプログラムは、追手門学院大学の「特色ある教育」プログラム名である。京都からはとなりのように近い位置にある追手門学院大学に通う学生の中には当然、京都から通う学生もいる。しかしながら大半は兵庫県か大阪府からの学生となっている。そこで、彼らがどのように京都を見ているのかということ起点に、京ブランドについて考えてみようという目的であった。、その後、平成18年度私立大学教育研究高度化推進特別補助助成をいただくこととなった。

◎―参考文献

入江敦彦『ほんまに京都人だけが知っている』洋泉社、2004年。
甲斐みのり『乙女の京都』中央公論新社、2006年。
蒲田春樹『京都人の商法』サンマーク社、2006年。
慶應義塾大学アート・センター編『芸術のプロジェクト』慶應義塾大学アート・センター、2004年。
鈴木豊『顧客満足の基本がわかる本』PHP文庫、2001年。
李為・白石善章・田中道雄『文化としての流通』同文舘出版、2007年。

第7章 若者の京都への関心度とクールの意味

第1節 京都への関心度調査

　追手門学院大学の男子大学生が、京都をどの程度、知っているのかを調査するとともに、彼らの京都に対する態度を明らかにしたい。態度とは、京都という場所が、積極的に行きたい場所であるのか、あるいはあまり足が向かない場所なのかという心的態度のことである。そして、積極的に行きたいと思う者の特徴を明らかにする。ここでは「京都」の範囲を、市内の神社・仏閣などの観光地と、商店街などの買い物場所との2つに分類した。

　これは、学生が訪れた京都のスポットが、この2カ所に集中していたからだ。また、男子大学生を調査対象とした理由は、中学生および高校生よりも時間的な余裕と金銭的な余裕があるのではないかと考えたからである。また、移動手段も公共の交通機関のみならず、車やオートバイも利用でき、移動範囲（行動範囲）も広い可能性があると考えた。さらに、情報源に関しても、携帯電話、インターネットをはじめ、アルバイト先の口コミなど、中学生および高校生よりも幅があると考えられたためである。

　ここで、女子大学生を省いた理由は、京都への観光客は女性の方が多いからである。もちろん、全員が女子大学生ではないのだが、はじめから女性に人気のある京都に、行きたい場所か否かを問うたとしても、多くの女子大学生が行きたい場所であると回答することが予測されるからである。

1）調査方法
①予備調査
　調査地域は関西圏である。主に兵庫県、大阪府、京都府を調査地域とした。調査対象はこれらの地域に在住している男子大学生である。調査期間は2007年5月下旬から6月上旬である。人数は71人である。調査方法は集合調査法を用いた。質問事項は、「次の項目について、連想するブランド、品物等をなるべく多く記入して下さい」であった。これらの回答の一部を表7−1にまとめた。

第7章　若者の京都への関心度とクールの意味

表7-1　調査票と回答例（筆者作成）

項目	回答例
御所	天皇、広い庭、日本の代表、雅、玉砂利の道
鴨川	床、デートスポット、三条大橋
錦市場	京野菜、卵専門店、ぬれおかき、鮮魚店、穴子専門店、観光客
嵐山	天竜寺、阪急電鉄、渡月橋、湯豆腐、大覚寺、サイクリング
四条河原町	ココン烏丸、池坊短期大学、八坂神社、大丸、高島屋、人ゴミ
寺町商店街	地元の人が多い、落ち着いている、さみしい、静かな、老舗
祇園	舞妓さん、あこがれ、高台寺、ねねの道、花街、色街、灯籠、石畳
木屋町	飲み屋街、あぶない、夜の町、先斗町、繁華街、飲食店、ゲーム
平安神宮	明治天皇、美術館、東山、みやこめっせ、みやげもの
二条城	京都駅、修学旅行、西利本店、広い中庭、大通り

（著者作成）

　具体的には、授業時間内に質問票を配布して、その調査内容を説明し、その後、1週間以内に回答済質問票を回収した。予備調査では、項目別（神社・仏閣、御所、錦市場等）に「京都」として思いつくものをすべて答えさせた。たとえば、表7-1の上から3行目の「錦市場」は品目で、「細い道幅」「老舗」はその回答例である。このような「錦市場」などの品目を、全部で33項目用意した。この予備調査の結果、回答の多かったものは以下のとおりである。

　90％以上の回答率　御所、鴨川、清水寺、嵐山、四条河原町（小計5）
　80％以上の回答率　上記以外に錦市場、寺町商店街、二条城、渡月橋、祇園、木屋町、平安神宮（小計7）
　60％以上の回答率　上記以外に京都市役所、ホテルグランヴィア京都、大覚寺、八坂神社、高島屋、京都大丸、新京極、ココン烏丸、新風館、北山（小計10）
　30％以上の回答率　上記以外に鞍馬、九条、天竜寺、北野天満宮（小計4）
　30％未満の回答率　鈴虫寺、くに荘、嵯峨嵐山、亀岡、山科、知恩院、六角堂（小計7）

　予備調査の結果から、京都の研究エリアを、認知度60％以上の回答率が

得られた、御所、鴨川、清水寺、嵐山、四条河原町、錦市場、寺町商店街、二条城、渡月橋、祇園、木屋町、平安神宮、京都市役所、ホテルグランヴィア京都、大覚寺、八坂神社、高島屋、京都大丸、新京極、ココン烏丸、新風館、北山の範囲とした。

　これらの回答には、次の3種類のカテゴリーが見られた。第1カテゴリーは神社に関する回答である。ここには、御所、清水寺、二条城、平安神宮、大覚寺、八坂神社があがった。これらは有名であり、また比較的、交通の便の良い場所である。第2カテゴリーは買い物場所である。ここには、四条河原町、錦市場、寺町商店街、ホテルグランヴィア京都、高島屋、京都大丸、新京極があがった。第3カテゴリーは比較的新しい京都や若者が好む和の発信を感じる場所である。ここでは、嵐山、祇園、木屋町、ココン烏丸、新風館、北山があがった。

　第1カテゴリーには、京都の中でも有名な神社の名が挙がった。そこで「有名」をひとつのキーワードと見なした。第2カテゴリーの買い物に関する回答は「日常生活」の中に密着していると考えられる。そこで「日常生活」をキーワードとした。第3の祇園、ココン烏丸、北山は、雑誌によく取り上げられる新しい京都の魅力発信の場所である。これらにはおしゃれな雑貨店、カフェ、若者の集う空間である。これらがまったく洋風かというとそうではない。これらにも京都らしさが感じられるのである。いわゆる「新しい和文化」とでも表現できよう。そこで第3カテゴリーは「新しい和文化」をキーワードとした。

　カテゴリー内での検討から、3つのキーワードは、「有名」、「日常生活」、「新しい和文化」とした。なお、それぞれの項目が占める割合は、「有名」に関する項目が35・2％、「日常生活」に関する項目が31．9％、「新しい和文化」に関する項目が32．9％となった。つまり、3つのカテゴリーは比較的バランスよく男子大学生に、関心があるという結果となった。

②**本調査**

　調査地域は近畿圏である。主に、兵庫県、大阪府、京都府を調査地域とした。調査対象はこれらの地域に在住している男子大学生500人である。調査

第7章　若者の京都への関心度とクールの意味

の回収率は63.4％（317人）であった。回収率が高いのは、集団調査法として授業時間内に質問票を配布し、回収したからである。調査期間は2007年6月下旬から7月上旬である。

　男子大学生が、どの程度、京都を知っているのか、また京都に対する態度はどうなのかということから、京都に対して積極的な心的関与を持つ男子大学生の特徴を明確にする目的で行った。具体的な質問内容は、表7-2の通りである。たとえば、「有名」に関する項目であれば、「知らない神社で

表7-2　本調査の質問内容

項目　有名

内容　①知らない神社でも有名ならば一度は行きたいと思っている、②好きな京都らしさと嫌いな京都らしさが明確である、③新しい京都の場所に興味がある、④有名な寺と無名な寺とを訪問するなら有名な方に行く、⑤京都の有名な場所に関しては人よりも詳しいと思う、⑥京都にまつわる有名な品物に関しては人よりもたくさん持っていると思う、⑦他人へのギフトは京都でも有名なものの方がよい、⑧有名な神社仏閣のゆかりの品なら高い値段でもよい、⑨有名な京都の場所のおみやげ品は高級なイメージがある、⑩有名な京都の場所でのゆかりの品は持っていると自慢になる、⑪京都でみやげ品をもらうなら有名なものの方が無名な品よりも嬉しい

項目　日常生活

内容　①アルバイトを週に15時間以上する、②親しいガールフレンドがいる、③こづかいとして月に3万円以上が自由に使える、④京都までの移動時間が40分以内である、⑤夜間の外出は週に2日以上である、⑥おしゃれなカフェが好きである、⑦和風の生活をしている、⑧身のまわり品は自分で購入する、⑨買い物は好きである、⑩京都には月に1回以上はいく、⑪雑貨などはよく購入する

項目　クール・ジャパン

内容　①テレビを一日に2時間以上見る、②雑誌を見ることが好きである、③深夜の音楽番組は必ず見る、④インターネットをよく利用する、⑤自宅にパソコンがある、⑥ゲームが好きである、⑦広告を見るのが好きである、⑧アニメが好きで詳しい、⑨携帯電話を使うのが好きである、⑩おしゃれや流行は気になる方だ、⑪ネットオークションをしている

も有名ならば一度は行きたいと思っている」「好きな京都らしさと嫌いな京都らしさとが明確である」「新しい京都の場所に興味がある」などである。「知らない神社でも有名ならば一度は行きたい」と思うことは、京都に対して積極的な態度の現われであると考える。また、「好きな京都らしさと嫌いな京都らしさとが明確である」ということは、日常的に京都に接していると考えられる。「新しい京都の場所に興味がある」ということは、新しいものを受け止める積極さ、すなわち恰好よい京都らしさ、クール・ジャパンにも積極的であるといえる。

具体的には、3つのキーワード（有名、日常生活、クール・ジャパン）に関する項目について、それぞれの質問に回答させた。この場合、1：まったく思わない、2：ややそう思わない、3：どちらでもない、4：ややそう思う、5：たいへん思うの5点評価法を用いた。1と2は否定的な意見となり、4と5は肯定的な意見となる。すなわち、これらの尺度を用いて、該当する番号に○をつけさせた。

2．分析方法（数量化Ⅱ類）

質問票で得た5段階の評定値（1～5）をデータとした。そして、京都に対して積極的な態度か、消極的な態度かを知るために、数量化Ⅱ類を用いた。この数量化Ⅱ類は「質的な形で与えられた外的基準を質的な要因にもとづいて予測あるいは判別する方法」である[注1]。

3．結果

本研究では、分析手法として、数量化Ⅱ類を用いた。説明変数は図表7－2に示した各項目内の質問である。たとえば、有名に関する項目ならば、「①知らない京都の場所でも有名ならば一度は行きたいと思っている」が基準であり、その回答の「はい」「いいえ」がカテゴリーとなる。同様に3つのキーワードの①～⑪までの各項目の各質問が説明変数となる。目的変数（外的基準）は「京都に対して、積極的態度か、消極的態度か」である。この数量化Ⅱ類を用いることによって、流行に積極的な男子大学生と、流行に消極的

第7章　若者の京都への関心度とクールの意味

表7-3　キーワード別判別的中率

項目	判別的中率
有名	80.2%
日常生活	78.6%
クール・ジャパン	79.4%

な男子大学生を分類することができる。この結果、188人が京都に積極的な態度であった。この分析では判別的中率が80.3％で相関比が0.671であった。判別的中率は数量化Ⅱ類の精度をみる尺度である。数量化Ⅱ類では判別的中率が75％以上のものが好ましいとされている。よって、判別的中率が80.3％の分析は精度が高いと判断できる。次にキーワード別の分析に、京都に積極的な態度をとる男子大学生の特徴を知る分析結果を表7-3に示した。各キーワード別においても、いずれも判別的中率が75％以上となった。よって、これらの分析の精度も信頼に値すると言える。

　さて、キーワード別の結果を順にみていくと、京都に積極的な態度の者の特徴は以下のとおりになった。なお、以下に示した質問項目は、その項目内の11質問項目内で、レンジが大きいものである。レンジは各質問項目の後に（　）内に示した。（　）内のレンジの数値が大きいほど、影響が大きいのである。本研究では目安として、レンジが0.50以上の質問項目を挙げた。

　まず、「有名」に関する項目は、知らない神社でも有名ならば一度は行きたいと思っている（0.89）、好きな京都らしさと嫌いな京都らしさが明確である（0.79）、新しい京都の場所に興味がある（0.65）であった。

　ここから考察できることは、知らない場所でも一度は行ってみたい、新しい京都の場所に興味があるという項目が挙げられたことから、京都自体に関心があることが推察できる。つまり、京都に対して行きたい、行ってみたいという願望や、知りたいという探求心がうかがえるのである。好きな京都らしさと嫌いな京都らしさがはっきりしていることから、自分なりの京都のイメージが確立していると考えられる。すなわち、自分のイメージに合わない京都は嫌いなのである。あるいは、京都にふさわしくないと判断するものに

ついては、嫌いという表現になるのである。この背景には、京都に関する知識が蓄積されており、京都の特徴も知っているからと考えられる。そして、京都という多くの情報の中から、自分の好みの京都を選ぶこともできる力がある。つぎに、「日常生活」に関する項目は、自由に使えるこづかいが月3万円以上である（0.74）、雑貨などはよく購入する（0.69）、買い物が好きである（0.62）、和風の生活をしている（0.58）であった。

　ここから、考察できることは、自由に使えるこづかいが月3万円以上であり、雑貨をよく買ったり、買い物が好きであることから、お金に余裕があることが考えられる。また和風の生活ということから、京都には潜在的に賛成派であることが推察できる。

　最後に、「新しい和文化」に関する項目は、雑誌を見ることが好きである（0.81）、自宅にパソコンがある（0.79）、アニメが好きで詳しい（0.68）、インターネットをよく利用する（0.55）であった。

　ここから、考察できることは、雑誌を見ることやパソコンに関することが多いことから、情報を得ることは得意で、自分から常に新しい情報を求めていると考えられる。またアニメが好きで詳しいということからも、オタク的な要素もうかがえる。全体的には情報探求型であると考えられる。

4．考察

　京都に対して積極的な態度であるとされた学生が、317人中188人であった。全体の約59％であったことから、少なくとも、約6割の男子大学生はどちらかといえば積極的な態度であると言える。その中身は、3つのキーワードで構成されている。それらは「有名」な京都であること、「日常生活」からの視点での京都であること、「クール・ジャパン」を感じさせる京都であることである。

　「有名」な京都の場所に行きたいということは、非常によくわかる要望でもある。それはおそらく男子大学生に限ったことではないであろう。ただし、「日常生活」において和風であるとか、買い物が好きであるとか、あるいは雑貨が好きであるということが、必ずしもダイレクトに京都への態度に結びつくとは限らない。また「新しい和文化」についても同様に課題が残る。そ

そもそもの「新しい和文化」正体が何であるかが、もっと明確にならなくてはならない。単なるゲームやアニメだけではないはずである。

本来の意味でのクールなもの、かっこうよいものを京都に求めるとしたら、それぞれ何を回答するのだろうか。次の節では、クールな京都についての調査結果を紹介する。

第2節 京都のクールさ

京都はクールか否かと、質問されたらどのような回答が返ってくるのであろうか。その素朴な疑問から、いくつかの質問を考え、男子大学生30名を対象に調査を実施した。2007年10月上旬から中旬にかけて、茨木市にある私立大学の3回生と4回生を対象とした。

質問は以下のとおりである。ここではわかりやすいように、質問と学生たちの回答を対応させた。

質問①：京都は恰好いい都市だと思いますか？
　　　　　　はい80％　　いいえ20％
・「はい」と回答された方に聞きます。何が恰好よいと思いますか？
　着物、歴史の長さ、伝統工芸品、茶の精神、神社の風情、京言葉、祇園の粋、舞妓さん、京セラや島津などの企業、祇園祭をはじめ、祭りが恰好いい
・「いいえ」と回答された方に聞きます。どうして恰好いいとは思わないのですか？
　特に歴史が古いだけであるから、恰好いいというほどのものが思い浮かばないから、神社仏閣は恰好いいとは言えないから

質問②：日本の恰好よさと京都の恰好よさは同じだと思いますか？
　　　　　　はい90％　　いいえ10％

質問③：あなた自身が、京都に対して恰好よいと思うもの、感じるものは何ですか？
- 黙って仕事をしている人（特に伝統工芸の職人）。
- 京都で言うならば、風情だと思う。
- 風鈴、うちわ、夏の夕風、花火など日本の夏は恰好よいアイテムだらけだ。
- 真っ赤に東寺を染める夕日は、本当に美しいをこえて恰好よいと思う。
- 神社にある狛犬は、ある意味では芸術だと思うし、恰好よいと思う。
- 着物姿の女性は恰好よい。
- ゆかたで、スニーカー姿で花火に行く女子中学生は恰好よい。
- 何といっても舞妓さんがすばらしく、恰好よいのではないでしょうか。
- 京都の旅館のおかみは粋で、恰好よいと思う。
- 路地に打ち水があったら、それは日本の恰好よさだと思う。
- 町屋にともる灯りや、灯籠は日本の伝統を醸し出す。
- ホテルグランヴィア京都の従業員は恰好よかった。スマートだ。
- 吉兆の料理人は恰好よい。
- おばんざいの店の店主って恰好よいと思う。
- 茶道のふくささばきは恰好よいと思う。
- 和紙などの専門店の店主は和紙の知識が豊富で専門家だった。
- 骨董店の店主で、古い品物に対して含蓄がある。

以上、回答例を示した。

質問②：京都のクールさと言われたら、何を想起（イメージ）しますか？
- 祇園祭に参加している人々
- 夏、浴衣で花火を見ている風情
- 蚊取り線香をたたみのへやでたいている様子
- 物干し竿に干されている日本てぬぐい
- 和菓子と抹茶
- 禅寺
- 桂離宮などの日本庭園
- 路地

・ウナギの寝床のような町屋
・石畳に打ち水がされている様子
・真っ赤な鳥居が並んでいる様子
・大文字焼き
・京都の秋の夕暮れ
・夜の灯籠(清水寺のライトアップ)
・京都の夜桜

　　　　　　　　　　　　　　　　　　以上、回答例を示した。

　これらの質問の回答例から考えられることは、京都のクールさは、日本のクールさであり、風情であるということである。クールといえば、日本語では「①涼しくさわやかなさま。清涼。②超然とした、醒めたさま。③落ち着いたさま。冷静」という意味である[注2]。これに対して英語訳ではcoolは「①涼しい、少し寒い、冷たい、涼しそうな、(色が)冷たい感じの、さめる、涼しくなる、涼む、②冷静な、落ちつきはらった、さめた、クールな(ジャズなど)、ずうずうしい、熱のない、冷淡な、そっけない、③大枚、掛け値なしの、④かすかな、弱い、⑤りっぱな、すばらしい、たのしい、かっこうよい、流行の」という意味である[注3]。

　若者の多くは、冷静、かっこうよいという意味だと理解している。自然の中の日常生活そのものがクールになってはいるが、それは大阪や神戸ではない京都という空間の中だからこそ、引き立つのである。夕暮れはどんな場所にでもある。しかし、クールになるには京都の秋の夕暮れでなければならないのであろう。それは、そのように回答をした男子大学生の感性ではあるが、ありきたりの夕暮れではない恰好よさが、京都の夕暮れにはあるということだ。

　クールさは、おしゃれと同様に個人差がある。感性ではあるが、なかなか同一尺度ではかれるものではない。度合いも異なるし、センスも異なるからである。しかし、我々の中には京都に対して、最大公約数のように、共通した恰好よさ、クールというイメージが想起されてくることも事実である。

　では、日本の恰好よさとは何かということになる。現在、日本が世界から注目されている文化は、浮世絵でも歌舞伎でもない。コミック、アニメ、ゲ

ームといったサブカルチャー分野である。コスプレイヤーもフランスをはじめとする欧米各国で知られるようになった。

　以下に簡単な調査結果を示した。対象は追手門学院大学経営学部の3回生以上110名である。内訳は男子87名、女子23名であった。調査日は2007年5月中旬であった。

クール・ジャパン理解度の調査結果報告

　質問①：クール・ジャパンという言葉を聞いたことがありますか？
　　　　　　　ある　95％、　　ない5％
「ある」と回答された方はどのようなところで聞いたことがありますか？
　　　雑誌84％、インターネット78％、ニュース70％、街角の広告など56％
　　　友人から34％、教員から21％、その他18％

　　注）ここでの回答は複数回答となっているので、合計をしても100％にはならない。

　質問②：あなたが思うクール・ジャパンを具体的に挙げてみて下さい。
〈回答例〉
　【アニメ】：ワンピース、機動戦士ガンダム、フリーダム、アキラ、メモリーズ
　【コミック】：北斗の拳、ルパン三世、NANA、有閑倶楽部、野だめカンタービレ
　【映画】：千と千尋の神隠し、となりのトトロ、風の谷のナウシカ、魔女
　　　　　の宅急便、もののけ姫、ハウルの動く城、火垂の墓、天空の城
　　　　　ラピュタ、紅の豚、ゲド戦記、猫の恩返し、ゲゲゲの鬼太郎、
　　　　　椿三十郎など
　【衣】：コスプレ、ねこ耳、なんちゃって制服、着物、コラボジーパン、
　　　　　古着、ノロハンヤツ、渋谷での流行、ファッションそのもの、日
　　　　　本ブランド（一澤帆布など）、ゆかた、下駄、風呂敷、手ぬぐい
　【食】：京懐石、野菜、日本食、和食、和菓子、饅頭、餅、かがみ餅、うどん、
　　　　　そば
　【住】：町屋、屋敷、庭園、床、縁側、じゃり石、灯籠、門、木造、飾り棚、
　　　　　ふみばこ

　　注）映画の回答欄には、スタジオジブリの作品が並んでいる。調査対象の学生たちは

20歳前後であり、宮崎ワールドへの親しみの表れでもある。

質問③：あなたは京都とクール・ジャパンがどのように関係があると思いますか、またはまったく関係ないと思いますか？
　　　　　関係がある95％　まったく関係がない5％

質問④：「関係がある」と回答された方に聞きます。**具体的にはどのように関係があると思いますか？　以下に記述下さい。**
〈回答例〉
・京都は、和を感じさせてくれる建物や食事がある。これはクール・ジャパンの範疇である。
・着物文化を発信できるのは、日本中で京都だけだと思う。
・京都の新撰組の歴史がまさにクール・ジャパンだと思う。
・ちりめんや、布でも、風呂敷など、それなりのジャポニズムが発揮できるはずである。
・着物に関しては、着こなしや着やすさが追求されているので、海外にも発信できる。
・町屋は京都の名物のひとつ。そこのたたずまいはジャパンそのものだと思う。
・もしも、クールがかっこういいという意味ならば、古着を着こなしている若者だと思う。
・アニメの画像のすばらしさと、日本的思想の物語がクール・ジャパンを支えると思う。
・千と千尋の神隠しで、その内容と色彩は日本ならではだと思う。
・神社の狛犬にしても石の文化は日本が発信できる気がする。
・京都には、特別な観光地ではなくても、小さな寺や神社が点在している。
・着物と古着、リサイクルなど大阪にはない文化だと思う。
・クール・ジャパンはもともとコンテンツの方からだが、京都そのものが和のコンテンツだ。
・ファッションを和に限定することなく、コラボ的に着こなしている若者が京都に多い。

- アクセサリーにしても、和っぽいものが京都で、それが「今」にあっている。
- 京都の空気が恰好よいし、しぶいと思う。たたずまいもいぶし銀だと思う。
- クールの意味がわからないが、和柄Tシャツなどはまさにクールではないか。
- 京都イコールジャパンであって、そこが恰好よいならきっとジャパン・クールだ。
- 京都の魅力である着物や器、扇子などがクール・ジャパンになると思う

　以上のような回答を得た。京都とクール・ジャパンは関わりがあるという前提をもつ学生が多かった。その中でも和の発信、着物や古着について書いた回答は多く、全体の70％はそのような回答であった。110名のうち質問3の記述回答をしたのは85名であった。着物や古着というファッションと京都のクールさがイメージ的には学生たちにとっては強いようである。では、ここで、そもそものファッションの見地から若者の求めるクールが何なのかを次節で述べる。

第3節 若者の求めるクール（ファッション）

　ここでは京都と他地域を比較してみる。比較の対象はファッションである。最近では、大阪では堀江が若者に人気だ。この堀江と京都を比較した報告があるので、以下に紹介をする。

ファッション比較、堀江と京都

森田　智

　私は大阪在住の、ファッションに興味がある大学生である。若者のファッションには、カジュアル系・モード系・ストリート系・B系など系統の違いがある。私は服が好きだが、鞄や靴や小物やアクセサリーなど、ファッション全体をコーディネートするすべての物に興味がある。ディスプレイされている商品を見るのも、街で歩いている人の服装を見るの

第7章　若者の京都への関心度とクールの意味

も好きである。

さて、大阪には梅田、心斎橋、難波など、ファッションや流行に敏感な若者が集まる地域がいくつか存在する。京都にもそのような若者達が集まる地域がある。河原町通り、寺町通り、六角通りなどだ。

ここでは京都と堀江を比較する。最初に、歩いている人の服装は、両者間には特筆すべき差は無い。どこか京都の人達の方が品のある感じがする程度である。堀江に近い心斎橋や難波あたりでは、派手な色彩の服や、金色の刺繍で龍や虎が乱舞するような革のジャケットを見かけるが、京都で見ることは少ない。次に、京都にも、大阪にある有名なセレクトショップの大半がある。内装は、大阪と違って落ち着いた雰囲気である。さらに、有名な古着屋に入ってみると、1階は普通の古着を売っていたが、2階には浴衣や着物や振袖が驚くほど安く売られ、品揃えもよい。店員に聞いてみると、これらはすべてユーズド（古着）である。まさに、京都ならではの商品構成で、これは堀江にはない。さらに感じたことは、商店街を中心にお店が多く存在するので、雨が降っても傘は必要がないことである。堀江は駅から少し離れているので、傘がなければ困る。また、商店街には若者だけではなく、前述の古着屋でも年配の顧客が買い物を楽しんでいた。このように顧客ターゲットが幅広い衣服の店は堀江では見られない。

●堀江とは

「堀江」の場所は大阪の心斎橋から西の方角にあり四ツ橋筋と難波筋の間に位置する地域のことである。「アメリカ村」から阪神高速を挟んで西側といえばイメージしやすい。「堀江」は大きく分けて北と南に分けることが出来る。「北堀江」と「南堀江」である。「北堀江」は人通りも店舗数も「南堀江」に比べると比較的少なく、個人店やオーナーがこだわりを持っている店が多い。一方、「南堀江」は人通りも店舗数も多く、賑やかな感じがある。通称「立花通り」最近では「オレンジストリート」ともいわれる堀江のメインストリートを中心に大型の有名セレクトショップが立ち並んでいるが、個性のある店は少ない。休日になると路上でスナップ撮影が行われており、ショップスタッフ、読者モデル、

学生などが撮影されており、雑誌などに「おしゃれスナップ」などと称して掲載されている。中心には「堀江公園」と呼ばれる公園がある。大阪市内なのにめずらしく緑がありゆっくりとした落ち着いた空気が流れている。比較的に南堀江の方が栄えていて人通りも各店の店舗数も多い。ここは服屋や飲食店や美容室の激戦区でもある。

●堀江の過去

　元々は家具屋が軒をつなげる地域であった。メインストリートである「立花通り」は家具屋ばかりであった。バブル崩壊後の廃業寸前の家具屋跡地に東京からの大型セレクトショップの進出やゆっくり過ごせるカフェなどを建設して1998年（平成10年）を転機に、おしゃれな町として栄えてきた。今日の堀江の繁栄は、大型のセレクトショップが進出したことが大きな要因であると思う。東京でしか買えないブランドだったものが大阪でも買うことが可能になる。その店のブランド力は顧客に信頼と安心感を与える。もう1つ考えられる要因としては、街全体が協力的に服屋や飲食店を受け入れたことである。バブル崩壊後、かつての賑わいをなくしてしまった商店街は、街の活性化のために土地を譲り、そこに現代の若者が好みそうな服屋や飲食店や美容室を受け入れた。

●堀江の現在

　今でも、堀江には昔の家具屋の名残の看板やビルが残っている。店の割合は大半を服屋が占めている。他には、飲食店や美容室があるが、今の堀江には家具屋はほとんどなくなってしまっている。歩いている層は学生が多く、彼らは皆同じような服装をしている。それぞれが独自の考え方や価値観を持ってファッションを楽しんでいる人は少ないので、同じような服装になるのであろう。これは、お店にもいえることで、同じような商品を並べている気がする。しかしながら、雑誌などの掲載記事をみて、高校生や大学生など若い人々がつどっている。おしゃれなカフェなどは女子大学生が利用している。

●堀江の未来

　これ以上の急速な発展は見込めない。なぜならば、今の堀江は個性がない。すべて同じような商品で溢れている。歩いている人の服装やお店

の雰囲気や商品の種類など流行を求めるがあまり、それぞれの店が持っている個性が失われている店が多い気がする。顧客は常に新しいモノを求めている。服などのように流行に左右されやすいモノはすべて飽きられると捨てられる。堀江自身も今は栄えているかもしれないが、これからもずっと今の状態であるとは思わない。堀江になりかわるのは、梅田にある中崎町と呼ばれる地域であろう。最近、土地代が高くなってきている。梅田が数年後には阪急が拡大すると共に、今よりもさらに栄えるという予測であるからだ。京都や神戸などからの交通の便のよさから考えて、今よりも大きな都市に成長することは間違いないだろう。さらに、大手セレクトショップがビルの中ではなく路面で店を営業することがわかった。これにより、梅田にますます人が集まることが予測される。中崎町はまさに数年前の堀江のような地域なのかもしれない。中崎町は初めて訪れた人でもどこか懐かしく居心地がいい場所である。このなつかしさは、京都の魅力でもある。地のりによる有利さである。南船場と呼ばれる地域がある。南船場もそんな空気を感じさせてくれる。堀江に比べると人通りが少なく歩きやすい。商品もゆっくり見ることができるお店が多い。このように分析すると、堀江の未来は中崎町と南船場にとられてしまいそうな気がする。これらの地域に共通していえることは、まだそれほどメディアに多く取り上げられていない地域であることである。

▲───堀江に関する学生の報告を読み、筆者は次のような感想をもった。
1) 堀江は、大阪の中でも品がある場所で、その点は京都に似ている。
2) どこかなつかしい場所、ゆっくりくつろげる場所に人々は共感する。だから梅田から少し離れた堀江に足を運ぶのである。これも京都に似ている。
3) 最近の顧客は、さらに便利なものを求めている。暑い夏や寒い冬に外を歩きまわるのをイヤがり、便利なビル内で買い物したがる。そのためには、京都のように、歩く楽しみがある魅力的で個性的な店舗づくりやアーケード街の形成が必要である。

4) 京都にも堀江にも共通することは、お洒落ということである。おしゃれを売る店に人々は関心を示す。そして多少遠いところからでもやってくる。

最後に、若者のおしゃれについては、森田が次のようにまとめている。

おしゃれとは何か

森田　智

　おしゃれな人、おしゃれな服、おしゃれな店、おしゃれな街……これらすべてに使われている「おしゃれ」という言葉にはそれぞれに別の意味があると私は思う。たぶん、多くの人が普段の何気ない会話にも「おしゃれ」という言葉を使っていると思うが、そこには、「かっこいい」とか「センスがいい」など、憧れや尊敬の意味で使われていることが多いと思う。今の自分に無いセンスを発見した時に、人はおしゃれという言葉で表現するのかもしれない。

　または、自分のセンス（価値観）に合っている物に対してもおしゃれという言葉を使うと思う。たとえば、高校生が雑誌を見て、自分のセンスと一致した人をみて、自分もああなりたいという憧れを込めて、おしゃれという言葉で表現するのかもしれない。

　このように、おしゃれとは自己表現の一部であると共に、願望の一部でもある。髪型、服装、持ち物などの外見的なモノと、態度、行動、しぐさなどの内面的なモノは、両面的な尺度である。その人の持っている価値観やセンスが表れている。おしゃれとは、外観と内面との両面の総和である。これには個人差がある。個人の感性の現れである。大学生たちに「おしゃれな人とはどういう人か」という質問をしてみた。多くの大学生たちは、「自分自身をしっかり持っている人」という回答であった。これは自分に合うスタイルを知っていて、そのスタイルに合うファッションをする人という意味である。これは自分らしさを大切にしていることの現れである。つまり、おしゃれとは、自分の価値判断基準と他人の判断基準の接点である。自分さえよければよいというものではない

が、他人と同じだけではおしゃれとは言えないのである。

▲―――森田はジンメルの差別化と同調の理論を、「おしゃれ」の動向に感じている[注4]。おしゃれであるという他者評価は、外部の目からみたおしゃれである。また、自分自身が感じるおしゃれは内的な価値観に沿っている。おしゃれの評価には外部と内部の二面性がある。

また、おしゃれには、かわいいというニュアンスがつよい。一方、クールには恰好いいというニュアンスがつよい。そしてどこか醒めた感じがするのである。

京都に感じるクールさは、着物や浴衣の着こなしであったり、祭りの粋さであったりするので、俗に言われているクール・ジャパンとは異なる。しかしながら、学生たちの多くが感じているように、日本のアニメだけがクール・ジャパンではない。そこには日本の代表であると感じている京都のクールさを認めているのである。今後は世界に向けて、この京都のクールさが、発信されていくべきである。そこには日本の源をかいまみることができるであろう。

☆―注釈
1) ㈱社会情報サービス編『統計解析シリーズ第Ⅱ部基本編』㈱社会情報サービス、1992年より引用。
2) 新村出編『広辞苑』第3版、岩波書店、1985年、p.669引用。
3) 松田徳一郎監『リーダーズ英和辞典』研究社、1991年、p.474引用。
4) ジンメルは19世紀のドイツの社会学者。トリクル・ダウン・セオリーは流行や情報の伝播を示す理論である。人の習性として、他者とは異なるものを持ちたいという差別化と、同じようなものを持ちたいという同調化があることを提唱した。

◎―参考文献
官民郎『多変量解析』㈱社会情報サービス、1991年。
芝祐順『因子分析法』東京大学出版会、1979年。
㈱社会情報サービス編『統計解析シリーズ第Ⅱ部基本編』㈱社会情報サービス、1992年。

杉山知之『クール・ジャパン　世界が買いたがる日本』祥伝社、2006年。
田中豊・脇本和昌『多変量統計解析法』現代数学社、1990年。
山田徹『キャラクタービジネス』PHP研究所、2000年。

第8章

京都が女性に好まれる理由

第1節 京都を好む女性の特徴

　京都に行くと女性が目立つと言われている。実際に、観光客の調査でも女性が多いと聞く。この章では、京都が女性に好まれる理由について考えてみたい。

1．調査の目的と概要

　人は何かを評価し、選択するときには、1つの基準ではなく、様々な要素を考えて総合的な判断をすると言われている。神山（1997）は、フィッシュベイン（Fishbein,M.）の多属性態度モデルを用いて、人々が衣服を購入する折の選択基準と態度との関係を分析している[注1]。

　京都に対する態度もこの理論を応用することが可能である。京都のどこが好きがという話になれば、ただ1つの何かが好きだというよりも、京都にまつわる様々な要因の総合であることが推定できるからである。すなわち、学生たちは京都に行って、様々なモノに出会った。彼らの報告にも、空間の良さや自然の美しさという環境を挙げる者もいれば、路地や街並みという景観をあげる者もいた。また、着物、風呂敷、扇子などの伝統工芸を評価する者もおれば、創作料理や和菓子を新鮮に感じる者もいた。おそらくは、京都の魅力はこれらの様々な要因の総和から成っていると考えられる。様々な魅力がある要因の中で、女性が特に好ましいと感じる要因についてここでは考察する。

　調査対象は関西圏に在住する女子大学生とその母親とした。調査期間は2007年6月下旬から7月中旬とした。女子大学生に本人用と母親用の2部の調査用紙を配付し、それぞれ留置法を用いて回答をしてもらった。調査数は300ずつ計600名分であった。回収率は女子大学生が58％で174名から回収ができた。母親分は162名分となった。このうち、記述不備を省いたので、有効回答数は、女子大学生168、母親157となり、合計325となった。

2. 調査方法と単純集計の結果

最初に、女性の中で京都に好感、あるいは好意をもっている者とそうではない者という2つのグループに分類をする。これは、京都に好感、あるいは好意をもっている者の特徴を知るためである。そのために、分析手法としては、数量化Ⅱ類を用いた[注2]。数量化Ⅱ類は、事象を2つのパターンに分類し、それぞれの特徴を説明変数から明らかにする手法としては優れている。本研究の目的変数としては、前述の京都に対しての好悪、つまり好意をもっているか、もっていないかということである。説明変数は、流行の好悪、インターネットの活用頻度、旅行の好悪、ブランド洋服の好悪、外出頻度、ブランドバッグの好悪、携帯電話のメール使用頻度、雑誌購入の有無、テレビ視聴時間の長短、アルバイト・パートの有無、恋人・配偶者の有無などの質問項目である。以降、これら11の質問項目を「項目」と呼ぶ。

具体的な質問は、「あなたは京都に好感、あるいは好意をもっていると思いますか？　たとえば、どこか遊びに行くならば京都に行きたいと思ったり、京都のおみやげは素晴らしいと思ったりする人は好感、好意があると判断して下さい」とした。この質問に対して「はい」「いいえ」の2つの選択枝で回答をしてもらった。必ずどちらかを選択するように指示した。

次に、説明変数である流行の好悪、インターネットの活用頻度、旅行の好悪などの11項目間の関係をみるために、11×11という項目間の組み合わせをつくった。それぞれに対して、得られた回答をデータとして、クロス集計をした。各項目の度数を本調査人数325人に対して、独立性の検定を実施した。ただし、この場合は女子大学生とその母親を分けずに、総数で実施した。

上記項目には以下のような回答形式を作成した。これを表8−1として以下にまとめた。

これらの項目についての単純集計結果を以下の表8−2にまとめた。ここではすべて％で示した。傾向を見るための指標であるので、小数点以下第1位を四捨五入している。表中の上段の大学は、女子大学生の略である。

表8-1　質問項目とカテゴリー内容

① 流行の好悪:あなたは流行に対して自分は敏感だと思いますか、鈍感だと思いますか

全く鈍感だ：1　やや鈍感である：2　やや敏感である：3　たいへん敏感だ：4

② インターネットの活用頻度:あなたは自分でインターネットをよく活用する方だと思いますか

大学：全くしない：1　ややしていない：2　ややする：3　よくしている：4

③ 旅行の好悪：あなたは自分でよく旅行をする方だと思いますか

全くしない：1　ややしていない：2　ややする：3　よくしている：4

④ ブランド洋服の好悪：あなたは、ブランドの洋服が好きな方ですか

全く好きではない：1　やや好きではない：2　やや好きだ：3　たいへん好きだ：4

⑤ 外出頻度：あなたは1週間のうちにどの程度外出をしますか

0～1日：1　2～3日：2　3～5日：3　6～7日：4

⑥ ブランドバッグの好悪：あなたは、ブランドのバッグが好きな方ですか

全く好きではない：1　やや好きではない：2　やや好きだ：3　たいへん好きだ：4

⑦ 携帯電話のメール使用頻度はどの程度ですか。（他人と比べての自分の判断です）

たいへん少ない：1　やや少ない：2　やや多い：3　たいへん多い：4

⑧ 雑誌購読の有無について、月にどの程度読みますか（立ち読みも含める）

0～1冊：1　2～3冊：2　3～5冊：3　6～7冊：4

⑨ テレビ視聴時間の長さを聞きます。1日にどの程度見ていますか

0～30分未満：1　30分～60分未満：2　60分～90分未満：3　90分以上：4

⑩ 1週間のうちにどの程度アルバイトあるいはパートをしますか

0～1日：1　2～3日：2　3～5日：3　6～7日：4

⑪ 年齢差について

女子大学生：1　母親：2

（著者作成）

表8-2 項目別単純集計結果

① 流行の好悪：あなたは流行に対して自分は敏感だと思いますか、鈍感だと思いますか

大学：全く鈍感だ12%　やや鈍感である21%　やや敏感である45%　たいへん敏感だ22%
母親：全く鈍感だ19%　やや鈍感である34%　やや敏感である27%　たいへん敏感だ20%

② インターネットの活用頻度：あなたは自分でインターネットをよく活用する方だと思いますか

大学：全くしない8%　ややしていない24%　ややする58%　よくしている10%
母親：全くしない23%　ややしていない51%　ややする17%　よくしている9%

③ 旅行の好悪：あなたは自分でよく旅行をする方だと思いますか

大学：全くしない12%　ややしていない36%　ややする34%　よくしている18%
母親：全くしない25%　ややしていない39%　ややする29%　よくしている7%

④ ブランド洋服の好悪：あなたは、ブランドの洋服が好きな方ですか

大学：全く好きではない11%　やや好きではない7%　やや好きだ56%　たいへん好きだ26%
母親：全く好きではない9%　やや好きではない12%　やや好きだ50%　たいへん好きだ29%

⑤ 外出頻度：あなたは1週間のうちにどの程度外出をしますか

大学：0〜1日2%　2〜3日13%　3〜5日74%　6〜7日11%
母親：0〜1日4%　2〜3日23%　3〜5日68%　6〜7日5%

⑥ ブランドバッグの好悪：あなたは、ブランドのバッグが好きな方ですか

大学：全く好きではない10%　やや好きではない12%　やや好きだ66%　たいへん好きだ12%
母親：全く好きではない8%　やや好きではない14%　やや好きだ58%　たいへん好きだ20%

⑦ 携帯電話のメール使用頻度はどの程度ですか。（他人と比べての自分の判断です）

大学：たいへん少ない8%　やや少ない35%　やや多い47%　たいへん多い10%
母親：たいへん少ない14%　やや少ない38%　やや多い32%　たいへん多い16%

⑧ 雑誌購読の有無について、月にどの程度読みますか（立ち読みも含める）

大学：0〜1冊24%　2〜3冊17%　3〜5冊37%　6〜7冊22%
母親：0〜1冊18%　2〜3冊31%　3〜5冊30%　6〜7冊21%

⑨ テレビ視聴時間の長さを聞きます。1日にどの程度見ていますか

大学：0〜30分未満28%　30分〜60分未満35%　60分〜90分未満29%　90分以上8%
母親：0〜30分未満14%　30分〜60分未満39%　60分〜90分未満42%　90分以上5%

⑩ 1週間のうちにどの程度アルバイトあるいはパートをしますか

大学：0〜1日16%　2〜3日54%　3〜5日24%　6〜7日6%
母親：0〜1日32%　2〜3日62%　3〜5日4%　6〜7日2%

⑪ 年齢差について

女子大学生：168人、母親：157人

（著者作成）

3．単純集計からの考察

　ここでは前節で得た単純集計の結果をもとに考察を行う。全部で11項目があるのだが、最後の11番目の⑪年齢差については、女子大学生とその母親たちの人数であるので、ここでの考察からは除外する。

① 流行の好悪については、女子大学生も母親も大きな意識の差はない。約2割の者が両者ともに、敏感であると回答をしている。このように全体の2割が流行に敏感ということは、女性全体としても同じような傾向があると考えられる。よって、女性の2割は流行に敏感であり、「やや敏感」までを含めると、約半数が敏感である。このことは各メーカーが新製品を提案する意義があることの裏付けであり、女性にとっては、流行は大きな関心事であることを示していると考えられる。

② インターネットの活用頻度は、女子大学生は大学の授業でのレポートなど、日々の活用が予想される。そのことから「ややする」という回答が全体の約6割を占めていた。これに対して、母親は「していない」という回答が74％を占めて、約4分の3人はしていないという意識である。

③ 旅行の好悪については、両者の「している」程度の想定がここでは明確ではないが、意識的には、「ややしていない」と「ややする」が両者ともに多くなっている。「している」という回答は、おそらく趣味やクラブ・同好会などで「している」者を含んでいると考えられる。

④ ブランド洋服の好悪については、女子大学生もその母親も「やや好きだ」と「大変好きだ」で約8割を占めている。ここでもブランド志向がうかがえる。

⑤ 外出頻度はこれらの質問項目の中では、以前はおおいに差がでた項目であった。つまり女子大学生のライフスタイルと、その母親のライフスタイルの差が、外出頻度にあらわれていたのである。女子大学生は大学に通っているので、現実的には0〜1日が非常に少なく、どうしても3〜5日がいちばん多くなる。最近は母親も外に出る機会があり、ここでも3〜5日が多くなっている。ただし、これはパートなどの職業につく母親、習い事などの趣味の時間を楽しむ母親、あるいはボランティアに精を出す母親など、母親のライフスタイルは多様である。

⑥ブランドバッグの好悪についてもブランドの洋服と同じような傾向があり、両者ともに好きと回答する者が多かった。

⑦携帯電話のメール使用頻度は実際の数値での比較ではなく、個人の意識として他人と比較して、どのように思っているのかという調査結果である。この場合、「たいへん少ない」も「たいへん多い」も特出していることはなく、女子大学生も母親も「やや少ない」、あるいは「やや多い」という判断が多かった。

⑧雑誌購読の有無について、「月にどの程度読みますか」の質問では、立ち読みも含め、「必ずしも購入ではない」と言う条件にした。その結果、女子大学生も母親も大差のない傾向が見られた。購読数が多いように感じるが、ここにはホットペッパーのような街角にある情報誌も含めたので、このような結果になった

⑨テレビ視聴時間の長さは女子大学生に関しては、以前と比較して短くなっている。筆者が1998年に調べた時と比較して、女子大学生は平均して20分弱短くなっている。これに対して、母親の方は1998年と比較しても若干短くなった程度で、60分〜90分未満がボリュームゾーンである。

⑩ 1週間のうちにどの程度アルバイトをするのかということに関しては、女子大学生は2〜3日が54％と一番多い回答となった。ただし、この2〜3日には短期アルバイトも含まれているので、1年中、コンスタントにこのような状態であるとは限らない。日頃はクラブ活動が忙しいので、長期休みの時だけアルバイトをする者も多い。

4．分析結果と考察（数量化Ⅱ類）

調査対象から得られた回答をカテゴリーデータとした。それらのデータを用いて数量化Ⅱ類をした結果、図8−1のような結果となった。ここでの判別的中率[注3]は0.83であった。この精度に関しては、一般的には0.75以上がのぞましいとされている。また、相関比は0.78となった[注4]。図8−1ではレンジの大きかった順番に並べた。なお、レンジ[注5]とはあるアイテムのカテゴリースコア[注6]で最大と最小の距離のことである。

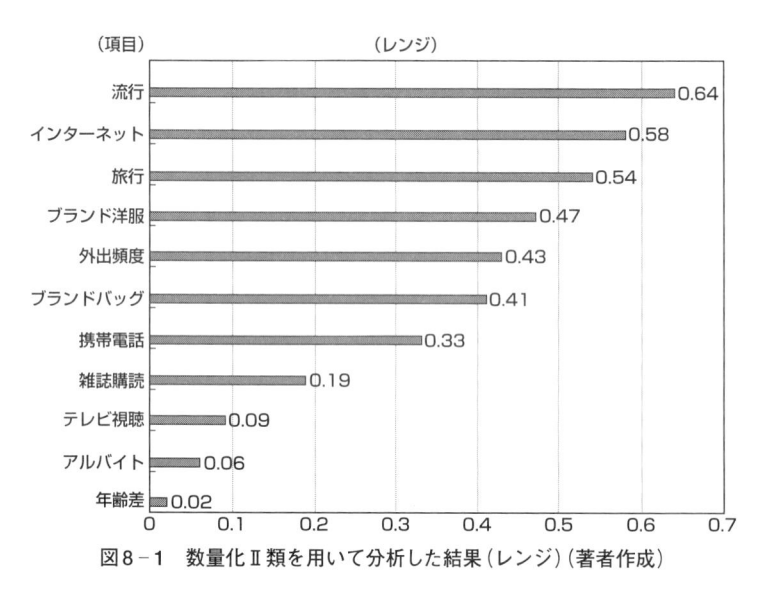

```
(項目)                    (レンジ)
流行                                              0.64
インターネット                                  0.58
旅行                                           0.54
ブランド洋服                               0.47
外出頻度                                 0.43
ブランドバッグ                           0.41
携帯電話                          0.33
雑誌購読             0.19
テレビ視聴    0.09
アルバイト   0.06
年齢差  0.02
    0   0.1  0.2  0.3  0.4  0.5  0.6  0.7
```

図8-1　数量化Ⅱ類を用いて分析した結果（レンジ）（著者作成）

　目的変数である「京都に対しての好悪、つまり好意をもっているか、もっていないかということ」に対しては11項目の説明変数のうち、流行、インターネット、旅行の3つの項目が0.50のレンジを有した。

　すなわち、京都が好きだと感じている女性は、流行に対してどちらかと言えば敏感あるいは敏感であり、インターネットを活用している。また、旅行も、全体からみればしている方なのである。つまり、京都を好んでいる女性は、「流行に敏感で、インターネットもよく活用し、そして旅行に行く人」ということになる。また、京都を好むかどうかに関しては、テレビの視聴時間やアルバイト（パート）の有無、そして年齢差（この場合、女子大学生か母親か）ということはレンジの数値が小さく、あまり関係がないという結果になった。

　京都に行くにしても、その路線や交通機関などの情報はインターネットを活用することによって、より早く詳細にわかる。また、流行と言えば、現在は引き続き和ブームである。昭和レトロということから、もう一歩進んだ形で、和のもの（伝統工芸を含む）が今も注目されている。京都には、国内だけではなく、海外からも観光客が多く集まる。本調査の対象は関西圏に在住の女子大学生とその母親たちであるが、京都までならば、日帰りも可能であり、小旅行である。旅行が好きであると回答した者に対して、別に「今まで

に京都に3回以上行ったことがありますか」という質問をしたところ、100％の者が「行ったことがある」と回答をした。いずれにしても、研究の目的であった「京都を好む女性の特徴」としては「流行に敏感で、インターネットをよく活用し、そして旅行に行く人」という結果となった。

第2節 京都が女性に好まれる理由

　ここでは、京都が女性に好まれる理由について考える。最初に女性の好きなものを調べてみた。調査対象は女子大学生とその母親で、調査期間は2007年6月下旬から7月中旬である。この調査は先の第1節と同じ時期に同じ人物を対象に調査をしている。ただし、女子大学生のうち、8名はこの記述部分を白紙で出していた。よって、有効回答数は女子大学生160、母親157となり、合計317となった。

1．調査の内容と方法

　学生たちが京都に関してイメージするものは前章で述べた。そこで、本研究では、京都のイメージが強いモノの中から、女子大学生とその母親たちの好きなものをカテゴリー別に評価をしてもらった。ここでは人気が高かったものとして、四条河原町周辺（以降、河原町と表記）、寺町、新京極、三条商店街をはじめとする各商店街（以降、商店街と表記）、阪急電車に近い錦市場、嵐山（JRの嵯峨嵐山も含める）、京都御所（以降、御所と表記）、京都に数多く存在する神社・仏閣（以降、神社と表記）、京都の豊かな自然である鴨川など（以降、自然と表記）、葵祭や祇園祭など（以降、祭りと表記）、八つ橋などのみやげものから和菓子など（以降、菓子と表記）、町屋、新風館、ココン烏丸などの建築物（以降、建物と表記）の合計11を選択カテゴリーとしてあげた。調査対象者は自分が好きだと思う所に○印を記入する。これらをまとめると、図8-2に示したようになる。図8-2では各14人ずつの回答を例示した。

女子大生の例

n=160

人数項目	河原町	商店街	錦市場	嵐山	御所	神社	自然	祭り	菓子	文化	建物
1	○	○	○	○	○		○			○	
2	○	○	○				○	○			○
3	○		○	○	○		○				
4	○			○	○	○	○				
5	○							○			
6	○								○	○	○
7		○	○	○		○					
8		○			○						
9		○			○						
10		○				○					
11	○	○	○		○		○				
12	○		○	○			○			○	○
13				○				○			○
14		○	○						○		

母親の例

n=157

人数項目	河原町	商店街	錦市場	嵐山	御所	神社	自然	祭り	菓子	文化	建物
1				○	○	○		○	○		
2	○	○	○				○	○			○
3			○	○	○		○			○	
4				○			○				
5	○						○				
6							○		○		○
7		○		○		○	○				
8			○		○	○					
9		○			○	○					
10		○	○			○					
11	○	○			○	○	○				
12			○		○	○	○			○	○
13				○		○	○			○	
14				○						○	

図8-2 京都の好悪に関する11のカテゴリー別単純集計（著者作成）

2．分析方法と結果

　ここではカテゴリーデータをあつかうので、数量化Ⅲ類を用いた。数量化Ⅲ類とは、目的変数のない場合の手法として用いられる。これは主成分分析とよく似ている[注7]。

ただし、数量化Ⅲ類では、カテゴリー相互の類似性を明らかにし、その上で新しい要因を見出す。その見出した要因を尺度として、カテゴリーやサンプルの位置づけをする。

具体的には図8-2に示したように、複数回答で選択したカテゴリーから、項目と調査対象者に得点を与える。ここでは、「似通った特性を持つ調査対象者は、似通った場所（項目）を選択する」という仮説を設定する。この仮説に従って、調査対象者について、おのおのの項目に対する距離を調べる。そしてすべての距離関係がもっとも適合したように、それぞれに得点を与えていく。数量化Ⅲ類では、こうしてカテゴリー別に与えられた得点を「カテゴリースコア」と呼ぶ。また、各調査対象者に与えられた得点は「サンプルスコア」と呼ぶ。

なお、数量化Ⅲ類の分析の精度の目安には固有値を用いる。固有値は、サンプルスコアとカテゴリースコアの単相関係数の2乗である。よって、0から1までの数値をとり、固有値が1に近いほど精度は良いとされている。

本研究では、数量化Ⅲ類を用いて女子大学生と母親とを別々に分析した。そこから得た数量化Ⅲ類の結果を表8-3に示した。

表8-3　数量化Ⅲ類の結果

女子大生

軸	固有値	寄与率	累積寄与率	相関係数
1	0.3315	17.2	17.2	0.5988
2	0.3007	15.9	33.1	0.5622
3	0.2495	11.8	44.9	0.5011

母親

軸	固有値	寄与率	累積寄与率	相関係数
1	0.3605	19.1	19.0	0.6285
2	0.3124	18.3	37.4	0.5898
3	0.2758	14.5	51.9	0.5384

（著者作成）

表8-4　調査対象者のサンプルスコアの例示

人数	1軸	2軸	3軸
1	0.0315	0.0012	−0.0136
2	0.0420	0.0034	−0.0158
3	0.0379	0.0081	0.0014
4	0.0254	−0.0451	0.0323
5	0.0278	−0.0580	0.0269
6	0.0014	0.0017	−0.0118
7	−0.0007	0.0214	0.0474
8	0.0414	0.0451	−0.0601
9	−0.0021	0.0287	0.0221
10	0.0302	0.0101	−0.0025
11	0.0225	−0.0121	0.0320
12	−0.0131	0.0321	0.0170
13	−0.0521	0.0215	0.0014
14	0.0578	0.0011	−0.0521

（著者作成）

　ここでは3軸までを考察対象とする。ちなみにサンプルスコアはどのようになったかという例を表8-4に14人分のみ挙げておく（女子大学生分）。サンプルスコアは先にも述べたが調査対象者自身の個人の得点である。

3．考察

　3軸までを考察対象としたので、実際には①1軸（縦）と2軸（横）、②1軸（縦）と3軸（横）、③2軸（縦）と3軸（横）の3組が考えられる。ここではそれぞれの特徴を述べていく。女子大学生と母親と別々に分析した結果、いずれも3軸ずつで考察することにした。数値は異なったが、各象限とも、同じような配置になった。これは図8-3(1)〜(6)①②③の学生と母親を比べればわかる。つまり、女子大学生も母親たちも周知を象限内の位置は異なるが、いずれも図8-3に示したとおりの軸上には各要因（この場合、場所）が配置されていた。

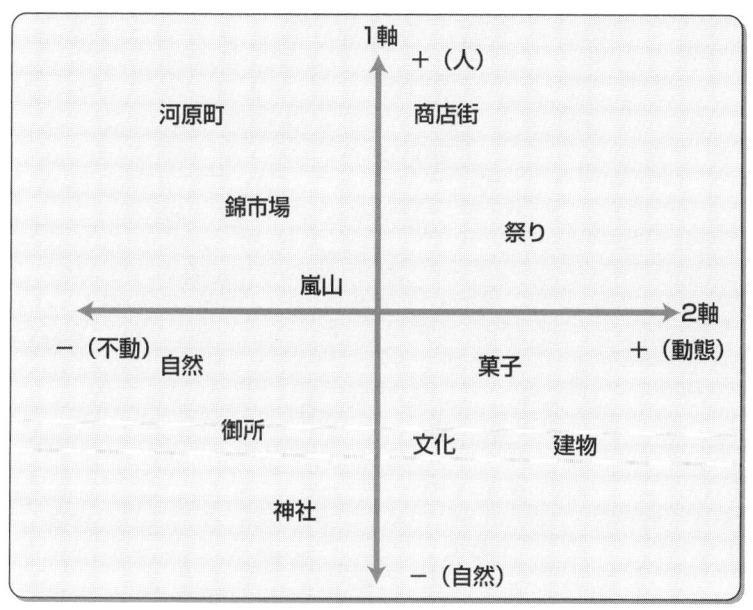

図8-3(1) 京都の位置づけ①学生（著者作成）

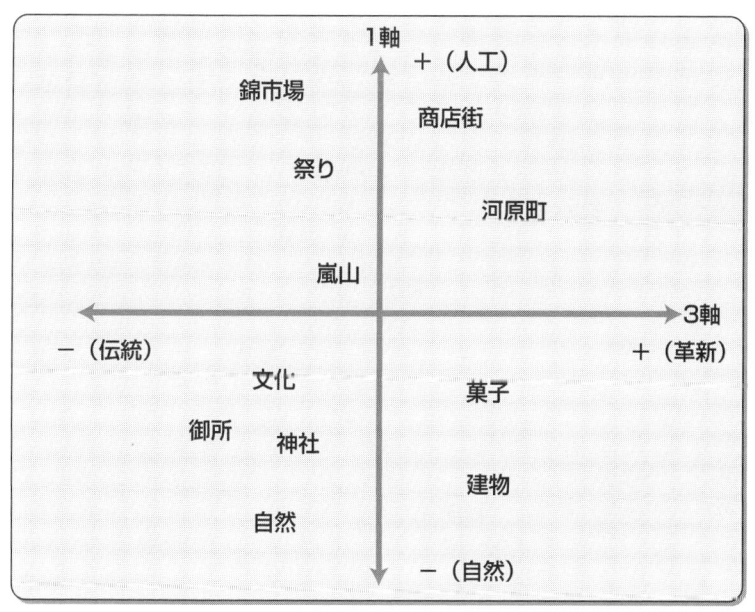

図8-3（2）京都の位置づけ①学生（著者作成）

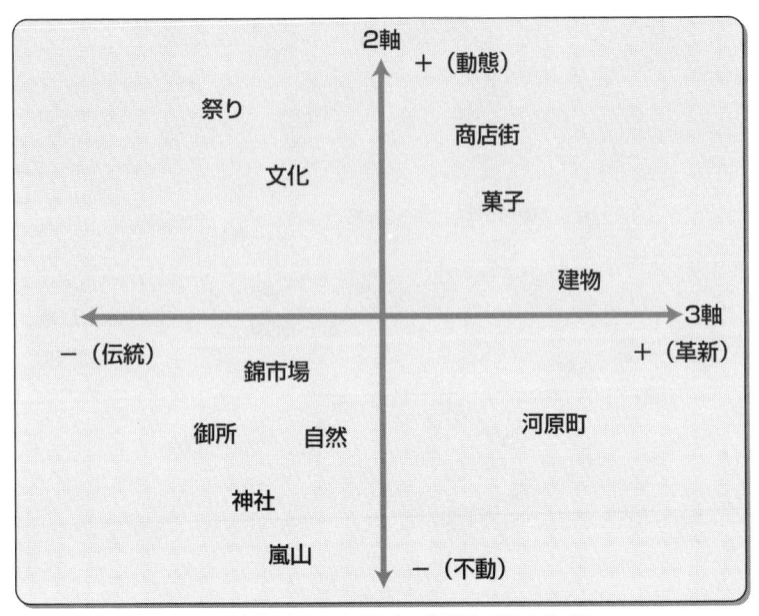

図8-3（3）京都の位置づけ③学生（著者作成）

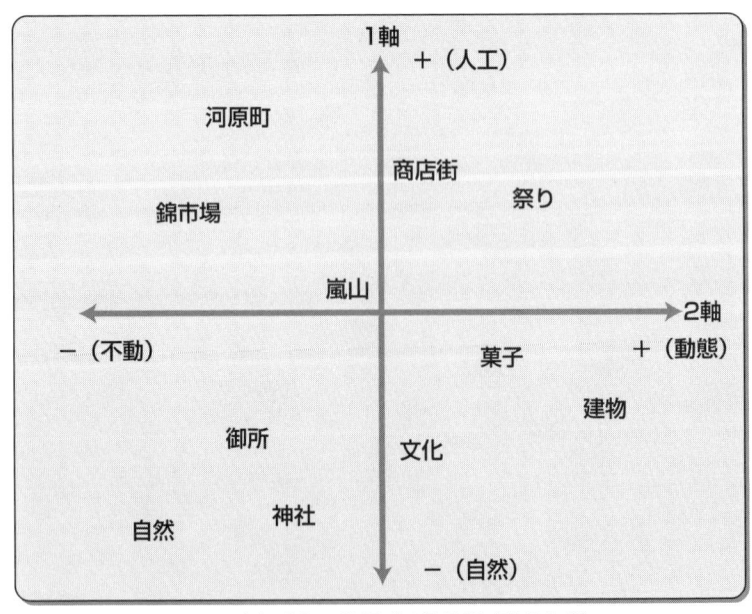

図8-3（4）京都の位置づけ①母親（著者作成）

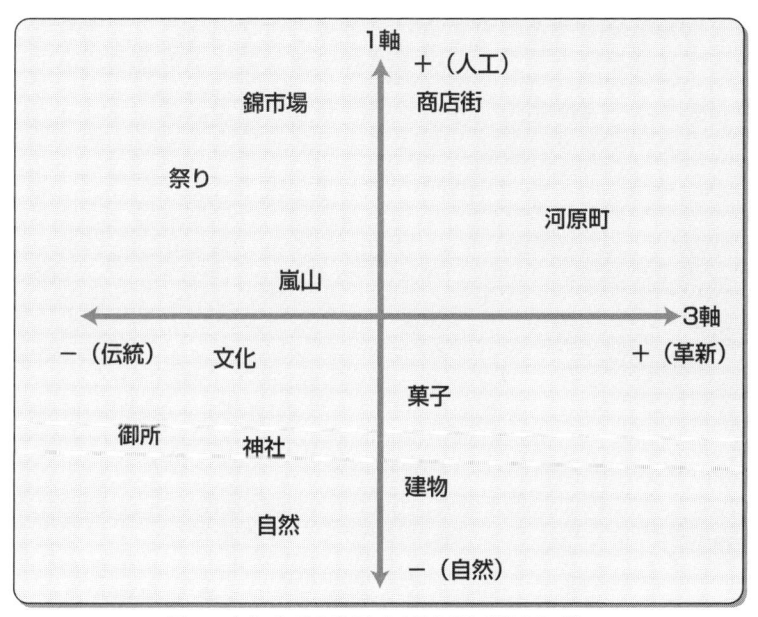

第8章　京都が女性に好まれる理由

```
            1軸
             ↑ ＋（人工）
   錦市場    商店街
      祭り
                    河原町
         嵐山
─────────────┼─────────────→ 3軸
－（伝統）  文化           ＋（革新）
                 菓子
   御所  神社
             建物
        自然
             ↓ －（自然）
```

図8-3(5)　京都の位置づけ②母親（著者作成）

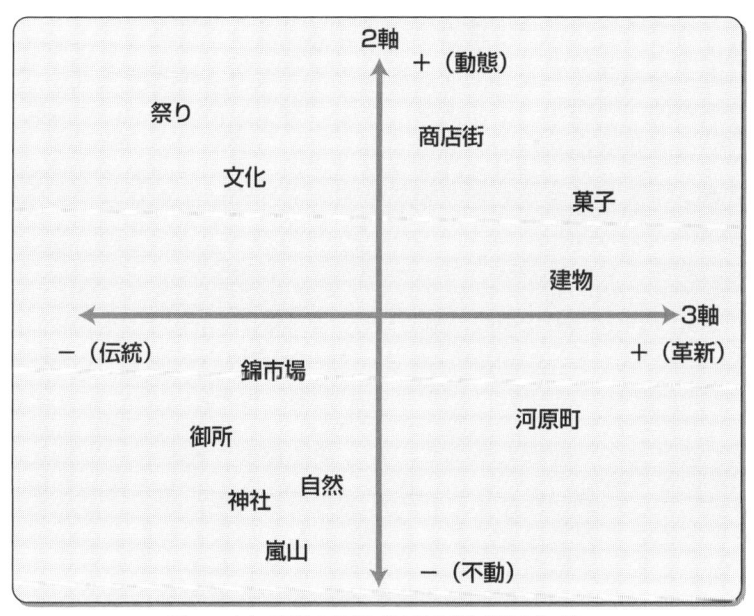

```
            2軸
             ↑ ＋（動態）
   祭り
    文化     商店街
                     菓子
              建物
─────────────┼─────────────→ 3軸
－（伝統）              ＋（革新）
       錦市場
     御所      河原町
        神社 自然
          嵐山
             ↓ －（不動）
```

図8-3(6)　京都の位置づけ③母親（著者作成）

学生と母親の両者をあわせて位置づけをまとめると、以下のようになった。

①1軸（縦）と2軸（横）
　第1象限：商店街、祭り
　第2象限：菓子、建物、文化
　第3象限：自然、御所、神社
　第4象限：河原町、錦市場、嵐山

②1軸（縦）と3軸（横）
　第1象限：商店街、河原町
　第2象限：菓子、建物
　第3象限：文化、自然、御所、神社
　第4象限：錦市場、祭り、嵐山

③2軸（縦）と3軸（横）
　第1象限：商店街、菓子、建物
　第2象限：河原町
　第3象限：錦市場、自然、御所、神社、嵐山
　第4象限：祭り、文化

　第1軸は「人ゴミと人ゴミではない」をあらわす軸で、これは人の混雑の軸である。第2軸は「動的なもの、流動的なものと静的なもの、不動のもの」をあらわす軸で、これは動静の軸である。第3軸は「時代とともに変わる革新的なものと変わらない伝統的なもの」をあらわす軸で、革新と伝統の軸である。

　たとえば、①1軸（縦）と2軸（横）を例に各象限ごとを考察すると以下のようになる。
　第1軸と第2軸の第1象限の意味は、人ゴミがする、つまり混雑しており、動的なもの、流動的なものは、商店街、祭りになっている。商店街も祭りも

人で賑わう。また、商店街も生き残る街とさびれる街があり、商店街内部でも競争がある。祭りは動かないイメージがあるが、実は、前著『京に学ぶ』で示したように、その節まわしは時代と共に変化してきているのである。第1軸と第2軸の第2象限の意味は、「人ゴミはしない、流動的なもの」という意味になる。ここには、菓子や建物、そして文化が含まれた。菓子は流行がある。それは和菓子でも同じである。たとえば今年は食品のパッケージや食品そのものに黒色が流行した。京都の代表的な菓子「おたべ」も「黒いおたべ」が発売されて話題になった。建物は新風館やココン烏丸を含み、そこには流行の商品が並んでいるのである。第1軸と第2軸の第3象限の意味は、静的なもの、不動のもので、人ゴミではないものという意味である。ここには、自然、神社、御所が位置づけられた。まさに山河は不動のものであるし、神社・仏閣も御所も静かなたたずまいのイメージがある。もちろん、正月や祭りなどの特別な場合は、神社・仏閣も賑わうが、イメージ的には第3象限に配置された。第1軸と第2軸の第4象限の意味は、人ゴミがする、つまり混雑しており、静かで不動のものという意味である。ここには、河原町、錦市場、嵐山が含まれた。嵐山などは観光名所であるから、渡月橋などは混雑している。また、昔から嵐山は、不動、動かないイメージ強いのである。錦市場も、年末になれば、多くの人々でごった返すし平日でも多くの観光客が訪れる。四条河原町には大丸、高島屋など大きな百貨店もあり、いつも大勢の人でに賑わっている。

　このような分析から、京都が好まれる条件には、第1軸に人の混雑に乗る要因、第2軸に動的・静的な要因、第3軸に革新・伝統の要因が考えられた。京都が女性に好まれる理由は、この3つの軸上に様々な項目（場所や自然を含める）が並んでいるからである。特に、第2軸と第3について軸は、大阪や神戸では明確な差が目にはみえない軸であり、京都特有の軸であると考えられる。そして、軸によって配置がなされたように、それぞれの場所やモノが明確なこと、つまりわかりやすいことも女性が好む要因であると考えられる。

☆──注釈
1) フィッシュベインの多属性態度モデルによると、消費者の特定ブランドjに対する態度Ajは、そのブランドが特定属性iをもつことについての信念の強さbijと、その属性iに対する評価aiといおう、2構成因子の線形・代償監修によって形成された認知構造である。

$$Aj = \sum_{i=1}^{n} ai \cdot bij$$

（n；とりあげられる属性の数）

2) 数量化法とは「性別や職業あるいは5段階評価された成績といったような質的（定性的）な変数の各々のカテゴリーに数量を与え、身長や握力のようなもともと量的（定量的）に測定された変数の場合と同じように、多次元的な解析を行なう方法である。」以上、田中豊・脇本和昌『多変量統計解析法』現代数学社、1990年のp.137引用。
3) 判別的中率とは、分析の精度の目安である。これは累積グラフの交点、つまり判別的中点に該当する累積率（％）の数値である。なお、判別的中率は、推定群と実績群の度数の組み合わせを基準としている。
4) 相関比とはサンプルスコアと実績群との相関係数である。これも分析の精度を見る尺度である。0から1までの数値であるが、1にその数値が近いほど、精度が高い。
5) レンジは目的変数に対する説明変数の影響力を把握するために用いる数値である。このレンジは各アイテム（項目）別に算出される。レンジの数値が大きいアイテム（項目）ほど、目的変数に対する影響力があると言える。
6) カテゴリースコアとは数量化を行った場合、それぞれのカテゴリーに数値が与えられる。この数値のことである。
7) 主成分分析とは因子分析と同じように、目的変数のない場合の分析手法である。変数相互の関係から新しい要因を見出す手法である。その新しく見出した要因を尺度として、変数やサンプルの類似性や軸上の位置づけを行うのである。

◎──参考文献
神山進『消費者の心理と行動─リスク近くとマーケティング対応─』中央経済社、1997年。
佐々木土師二『旅行者行動の心理学』関西大学出版部、1999年。
芝祐順『因子分析』東京大学出版会、1979年。
田中豊・脇本和昌『多変量統計解析法』現代数学社、1990年。
辻幸恵『流行と日本人─若者の購買行動とファッション・マーケティング─』白桃書房、2001年。
辻幸恵「流行に敏感である女子大学生の特性とそれに関する要因分析」『京都学園大学経営学部論集』京都学園大学経営学部学会、Vol.10、No.3、2001年、pp.89-108。

第9章

京都らしさの演出

第1節 学生が感じる京都らしい場所

1. 概要

　「京都」のイメージについては第5章で述べた。ここでは京都らしさについて考えていく。前章に述べたように、追手門学院大学がある茨木市にも、町屋は残存している。うだつをあげた黒壁の土蔵造りや、虫籠窓のついた民家を奥まったとおりに今も見ることができる。しかし、それらを観光名所にできるかといえば、できないとしかいいようがない。近くには大きな国道171号線が走り、周囲には事業所の入ったビルやコンビニエンスストアがあり、風景としては、どこにでもある地方都市と変わるところがない。京都には、学生たちが報告しているように独特の「空気」がある。その学生たちが述べるこの「空気」が、ここでいう京都らしさを構成していると考える。また、食品にしても同じだ。和菓子は全国のいたる所で製造されている。しかし、京都の和菓子というとイメージが良くなる。これも製品1つひとつに対する評価から来ているというよりも「京都」うまれの名菓全体に高級感や老舗感があるのだろう。

　最初に、京都らしさがどこにあるのかを地域別に得点化した。つまり、学生たちに人気の高い四条河原町や新風館に京都らしさがあるのか、それとも、嵐山や嵯峨野といった名所や旧跡にあるのかということを調査し、それぞれを得点づけしたのである。

2. 調査に使用する尺度設定

　京都といっても、それぞれ特徴がある。たとえば、商店街と三条、寺町、新京極、西陣など商店街ごとに歴史も商う物も集う人々も違う。そこで、ここでは学生たちに人気が高い場所、あるいは認知度の高い場所を選択し、そこにはどのような魅力があるのかを分析することにした。魅力を感じる尺度を

表9-1　グループディスカッションから得た8つの尺度

- **ユニークな感じがする**
  創意工夫がなされている、センスがある、デザイン、色がよい。
- **それらをアピールすることに関係者が熱心である**
  商店街連合など当事者が熱心である。
- **京都市が広報など、宣伝に力を入れている**
  神社仏閣のライトアップ、催事の情報などを様々なメディアを通じて宣伝している。市内の看板、駅内のポスターも含まれる。
- **製品（建物を含む）の品質がよい**
  和菓子にしても品質が充分に消費者に理解されている。
  神社・仏閣にしても、メンテナンスが行き届いている。
- **サービスがよい**
  駅内案内表示という公的なものだけではなく、たとえば清水寺の参道のように、お茶をふるまってくれたり、観光ガイドには様々なサービスが紹介されたりする。
- **近代的である**
  近代美術館、新風館、ココン烏丸などの新しい施設などは近代的であるし、京都のIT企業などは近代的である。
- **安定性がある**
  漬け物をはじめ、京野菜など定番になっているものがある。
- **伝統がある**
  神社仏閣にはそれぞれ歴史や行事がある。
  また、懐石料理にしても伝統がある。工芸品は特に伝統を感じる。

（著者作成）

つくるために、2007年10月上旬から下旬にかけて、4回生が8名ずつ（男子5名、女子3名）のグループをつくり、3組が60分間、グループインタビューをした（合計24名）。その結果、次のような8つの魅力の尺度が出てきた（表9-1）。

2．調査方法

　調査対象は関西圏に在住の大学生とした。調査期間は2007年11月下旬から12月中旬とした。大学生に調査用紙を配布し、それぞれ留置法を用いて回答をしてもらった。調査数は男女150ずつ300であった。回収率は女子大

学生が54%で81名から回収ができた。男子大学生は62%で93から回収ができた。このうち、記述不備を省いたので、有効回答数は女子大学生79、男子大学生85となり、合計164となった。

方法は、表9-2のようなシートを作成し、調査対象者に100点満点で評価してもらった。表中の尺度は次のようにした。

①ユニーク：ユニークな感じがする
②宣伝：京都市が広報など、宣伝に力を入れている
③製品：製品（建物を含む）の品質がよい
④サービス：サービスがよい
⑤近代的：近代的である
⑥安定性：安定性がある
⑦伝統：伝統がある

そして8番目にはそれらを総合してどうなのかという評価をしてもらった。この場合の総合評価はそれぞれの尺度の総和ではない。あくまでも各尺度が100点満点中にいくらの点数なのかを調査対象者に判断してもらい、総合判断としても100点満点中で何点なのかを判断してもらっている。ただし、点数は5点きざみで記入してもらっている。

場所に関しては、前章で主に多くの学生たちに人気のあった場所を筆者が選択した。これは認知度の高さを基準に選んだ。よって、熱心なファンがいる場所というよりも、多くの学生が知っている場所、訪れたことのある場所を選択している。ここでは34カ所を挙げている。大原には三千院が含まれている。河原町はその周辺も含む。同様に西陣や北山のように地域を挙げているところは、その周辺も含んだ広範囲のことをさしている。

3．調査結果

ある女子大学生が回答をした結果を表9-2として以下に例示しておく。このように学生たちは、場所に対して8つの尺度に対する得点と総合点を0から100点以下でつけていった。

上記の表9-2はあくまで、調査対象者の中のひとりの意見であるが、100点満点で考えた場合このように、34カ所に対する点数がでたのである。

第9章 京都らしさの演出

表9-2 得点化シートの例示

場所/尺度	ユニーク	熱心	広報	宣伝	品質	サービス	近代的	安定性	伝統	総合
河原町	20	30	30	20	60	20	60	50	70	50
桂離宮	40	60	70	80	80	40	30	80	90	80
平等院	45	20	20	50	80	30	45	75	90	85
大原	30	50	60	70	70	50	50	80	90	80
鞍馬寺	10	10	40	40	70	20	40	70	85	60
大徳寺	10	20	40	40	70	10	10	70	85	45
高台寺	15	15	30	50	60	10	10	40	80	55
寺町通	70	50	70	70	70	60	70	70	70	70
西陣	10	20	25	40	50	20	50	50	80	40
下鴨神社	25	25	45	50	70	30	50	80	85	70
金閣寺	30	20	40	60	80	15	30	75	90	75
銀閣寺	15	30	70	70	75	15	20	60	85	70
木屋町	25	20	20	35	50	45	65	50	30	45
伏見	30	30	40	50	75	40	55	55	75	70
東寺	25	30	50	80	80	60	50	80	90	85
西本願寺	10	20	40	50	40	30	45	50	80	55
平安神宮	10	20	70	70	75	10	50	90	50	65
北山	80	40	50	60	60	60	70	70	10	70
三条	20	30	30	30	50	40	35	40	35	30
京都駅	25	30	40	50	70	50	75	70	60	65
寺町	30	40	30	30	70	20	40	80	60	60
新京極	60	60	40	30	50	50	80	60	20	65
念仏寺	10	40	50	50	70	30	10	50	80	55
太秦	60	60	40	50	60	40	10	20	60	40
嵯峨野	10	20	20	60	50	10	10	30	40	30
C烏丸	85	70	60	60	90	30	85	60	50	80
八坂神	20	20	70	70	70	15	10	70	90	70
祇園	60	40	80	90	60	20	30	40	60	65
二条城	20	20	40	40	60	30	20	70	90	60
清水寺	70	50	95	90	70	65	10	40	85	70
錦市場	80	70	50	50	85	85	15	55	90	75
御所	40	40	70	50	80	50	10	50	70	70
嵐山	30	30	70	60	80	40	10	50	70	65
新風館	70	70	60	60	70	60	80	30	10	65

注）C烏丸：ココン烏丸の略

（著者作成）

表9-3　得点化シートの例示

場所/尺度	ユニーク	熱心	広報	宣伝	品質	サービス	近代的	安定性	伝統	総合
河原町	32	22	32	25	58	21	66	55	71	52
桂離宮	45	58	78	84	82	43	31	82	93	81
平等院	55	26	10	56	86	32	40	74	96	83
大原	50	52	52	76	76	54	51	81	90	72
鞍馬寺	15	18	48	42	72	29	43	78	85	63
大徳寺	18	16	42	38	73	11	12	76	85	48
高台寺	25	24	22	52	61	16	17	43	81	56
寺町通	72	55	72	72	75	65	70	75	79	73
西陣	17	21	28	46	52	23	55	51	88	42
下鴨神社	20	26	35	52	72	34	52	88	86	72
金閣寺	35	30	42	66	78	16	32	72	96	72
銀閣寺	12	34	74	78	76	18	12	62	88	70
木屋町	28	22	28	35	51	48	45	51	30	48
伏見	31	32	42	53	75	41	58	51	78	72
東寺	26	34	45	81	83	62	40	85	90	85
西本願寺	15	28	42	52	42	36	38	52	80	50
平安神宮	14	24	72	74	74	18	48	41	50	67
北山	82	45	52	58	66	62	72	73	18	72
三条	23	38	34	37	43	40	28	44	35	32
京都駅	26	32	48	52	71	62	67	77	61	65
寺町	32	48	35	32	78	50	21	44	80	61
新京極	65	62	42	34	58	51	85	62	23	62
念仏寺	12	45	48	50	72	32	12	51	84	52
太秦	62	62	36	58	63	44	13	21	66	46
嵯峨野	15	28	24	62	52	12	12	33	44	28
C烏丸	88	60	68	64	90	33	85	74	58	78
八坂神	25	18	72	78	76	17	11	74	92	76
祇園	62	34	68	92	65	20	33	42	64	68
二条城	20	20	36	48	60	36	20	70	93	62
清水寺	72	52	92	82	70	65	21	43	88	82
錦市場	81	72	58	56	81	85	19	55	90	75
御所	43	40	70	52	82	50	18	53	72	70
嵐山	32	31	74	60	88	42	16	56	70	65
新風館	70	71	63	60	73	60	82	30	14	65

注）C烏丸：ココン烏丸の略

（著者作成）

次に、女子大学生79、男子大学生85、合計164全体の平均を表9-3に示した。

ただし、164人中には、間違って、52点や31点などのように部分的に5尺度ではない評価を下している者もいたが、こうした場合何を50点、30点などのように解釈はせずにそのままの数字を使用して、最後に合計をして、そこから平均を算出している。また回答の記述されていないところも、その箇所を省いた形で平均を算出している。なお、小数点第1位を切り捨てた数字を表9-3に示した。この表は各々の場所について学生たちがどのように感じているのかということを8つの尺度上の得点で示してある。よって、単純な人気投票ではない。たとえば、学生たちに比較的人気のある河原町（表9-3の上から1行目）が総合点が52点と低い数値であるが、ここに「親しみやすい」や「買い物が便利」などという尺度が加味されれば、また総合点は異なってくるであろう。

表9-3からわかることは、ここでは便利や日常的なものよりも、どちらかと言えば、京都の観光名所というような場所の方が、総合点が高くなる傾向にあるということである。学生たちが感じる京都らしい場所ということに限定されると、歴史や由来があるということが優先されてしまうのである。

4．クラスター分析の結果と考察

この場合、8つの尺度が説明変数になる。そこで変数間に高い相関があるか否かを検討するために、クラスター分析（変数クラスター）を用いた。これを用いることによって、類似性の高い変数がわかる。この場合、目的変数は京都の場所からみた総合評価である（図9-1）。

こうしてみると、広報と宣伝が近い位置にあり1つのグループを形成していることがわかる。熱心、サービス、近代的も1つのグループと考えられる。また、伝統と安定性も近い位置にある。よって、3つのクラスターに分類が可能である。

・第1グループ：宣伝、広報
・第2グループ：熱心、サービス、近代的

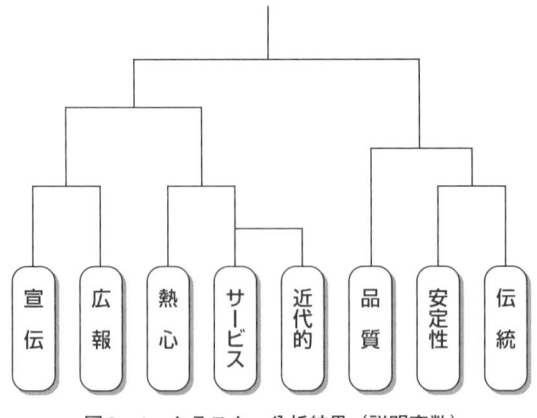

図9-1　クラスター分析結果（説明変数）

・第3グループ：品質、安定性、伝統　学生たちが尺度として提案した8つの基準は、グループ分けをすると上記のように3つになった。第1グループをみると、宣伝、広報になっている。宣伝と広報は似ているようであるが、広報になると字のごとく、公共性が高くなる。たとえば、京都市の広報などがその代表例である。宣伝は広報と比較すると、私的なものでも許される。若者の間では、ブログが流行しているが、ここに宣伝として記事を掲載することも可能である。

　第2グループは熱心、サービス、近代的という尺度であった。これは神社・仏閣では比較的低い点数であったものが多い。その神社・仏閣が調査対象者の大学生が求めるサービスを提供しているか否かで評価が変動する。サービスは提供する側と享受する側の双方の需要と供給が一致しなければ成立しない。いくら提供側がよいサービスと思って提案しても、それを受け手側が満足しなければ意味がないのである。神社・仏閣には、それぞれのサービスがあるはずであるが、それが得点に反映されていないとすれば、それは若者（この場合は大学生）に伝わっていない可能性がある。

　第3グループは品質、安定性、伝統である。これに一番近いイメージは京都の伝統工芸ではないだろうか。伝統工芸はいずれも品質が高く、格式もある。尺度からみて、3つのグループに分類できたことは、京都らしさの演出には、これらの尺度のかかわり具合が大切であると言えよう。

第2節 物語と遺跡

　京都には物語が多い。それは歴史の蓄積からくるものでもある。この場所でこんな事件が起きた、その人がここでこういう生き方をしたというような故事来歴が今も語られ、喧伝される。
　たとえば、鈴虫寺の異名を持つ華厳寺は、女性に好まれる寺のひとつである。以下に学生がその寺に行った時の報告を紹介しておく。

華厳寺～鈴虫寺～

萩原　れみ

　京都の松尾にある「鈴虫寺」の名で有名な「妙得山華厳寺」に行きました。私が高校生の時から「鈴虫寺」は願いが叶うとよく聞いていたので行ってみたいお寺のひとつでした。「鈴虫寺」の石段を登って行くと山門の横に「幸福地蔵さん」が立っています。その前で何人もの人が黄色いお守りを持ってお祈りをしていました。本堂に入ると平日にもかかわらず、たくさんの人が座っていました。私も同じ様に座り、用意されていたお茶と菓子を頂いているとお寺の住職さんが入ってきて「鈴虫寺」にまつわる説法をして下さいました。
　この寺のお参りの仕方は、黄色い「幸福御守」と書いてあるお守りを「幸」という字が見えるように両手ではさみ山門の横の「幸福地蔵さん」にお祈りをします。「幸福地蔵さん」は"わらじ"をはいていて、願いを叶えに来てくださるとのことです。お願いは欲張らずに1つだけで、自分自身だけでなくみんなが幸せになるお願いをしてほしいと住職さんは言っておられました。
　ここは「鈴虫寺」と呼ばれるだけあり本堂の中には3000匹以上のたくさんの鈴虫が飼われていて、秋だけでなく1年中鈴虫の音が聞けるそうです。鈴虫の寿命は110日ほどでそのなかでも鳴くのは40～50日程

で、その間ひたすら鳴き続けるそうです。住職さんが28年間、鈴虫の生態を研究し、秋以外でも飼育できるようになったそうです。

　住職さんの説法が終わり、本堂をでて、「幸福御守」の「幸」が見えるように両手ではさみ、「幸福地蔵さん」の前でお祈りをしました。住職さんの説法を聞くまでは黄色いお守りの意味も知らず、「幸福地蔵さん」の前でお祈りしている意味もわかりませんでした。それぞれの寺の独自の作法を知ったり、独自の歴史を知ることはすごく大事なことで、知ることはおもしろいことだと思いました。

▲───京都には、多くの神社・仏閣がある。それぞれに参拝方法もあれば、由来もある。その寺に参る方法など、今まで知らなかったことを知る喜びがある。女性は、由来やゆかりのある事物を見ることが好きなのかもしれない。また、占いやまじないも好きそうである。鈴虫寺は、幸福の黄色のお守りというシンボルがあり、そこに「幸福地蔵さん」という具体的な場所がある。このつながりもわかりやすい。鈴虫という他では見られないという特徴もそなえている。物語には、主役だけではなく、周囲つまり脇役も必要なのである。この寺の場合、鈴虫寺というあだなのとおり主役は鈴虫であっても、幸福守りのような脇役もしっかりしているところが人気の秘訣かもしれない。

一休寺

田中　孝典

　京田辺市にある「一休寺」は、我々の世代ではテレビ放映されたアニメの一休さんと結びつきます。京田辺市には一休さんの銅像が多く、観光客の目を楽しませてくれます。一休寺は、街並みからもよく目立つ大きな寺です。京田辺市には第2京阪道路が最近でき、昔ながらの山々の景観は失われたそうです。有名な「一休寺」にも住宅開発などの理由で、昔のままというわけにはいかなくなったようです。一休さんはテレビアニメではとんちの働く利発で勇気ある少年でした。放送時間は30分枠でしたが、起承転結があって、わかりやすい物語でした。もちろん一話完結でした。その中でも将軍や奉行という役割分担、そして様々な神社

が出てきた記憶があります。アニメの魅力は映像でわかりやすいということですが、京都で人気の高い神社・仏閣は由来がわかりやすかったり、何度もテレビなどに取り上げられていてなじみがある場所だったりするのではないでしょうか。今回、一休寺を見ながらそんなふうに感じました。

▲───田中が感じたように、「わかりやすさ」というものは若者には、重要な要因であると考えらえる。由来が一休寺のように、一休さんという人物と直結していることが、やがては親しみにも通じる。

なぜ女性は京都が好きなのか

村上　大地

　女性が京都を好む理由を調査するために、まず知り合いの女性に京都の好きなところを聞いてみたところ、色々な答えがあった。「落ち着いているところ」「大阪などとは違い、ごちゃごちゃしていないところ」などの答えが多かった。それに加え、「京都に着物で初詣に行ってみたい」という意見もあった。

　京都には金閣寺、清水寺などの有名な建造物がたくさんあり、名物と言えば和菓子や漬け物、宇治茶などが挙げられる。そして舞妓と言えば京都というイメージが定着している。「おいでやす」などの方言もいくつかあるが、どれも穏やかで情緒がある。また春には桜、秋には紅葉といった日本の四季を感じることのできる名所、三千院や東福寺などもある。

　このようなことから京都は清楚で落ち着いたイメージがあるようだ。このようなことを踏まえて現地へ行ってみたところ、やはり昔から変わらない"伝統の雰囲気"というようなものを感じた。

　ショッピングなどで賑わう四条通りは一見、ビルやショッピングモールが立ち並んでいて現代風にアレンジされ、今時の若者でざわついているように思えた。しかし、少し細い路地に入ってみると、洒落たカフェや古風な一軒家などがあり、こちらも昔のイメージが残っていて、お寺とはまた違う居心地の良い雰囲気をかもしだしていた。

そして『着物』だが、京都の人は"京の着倒れ"と言われるほど服が好きで破産するほど服にお金をかけるそうだ。京都の人はよく「不細工どすなぁ」と言う。これは勉強が足りないとか、工夫が足りない、他人から見ても美しく見えないことを言う。人と同じことをしていても駄目で、同じものであっても工夫次第、見せ方次第によって、もっと良く見せられるということである。そのためには、常日頃からより良くできるために、見たり、聞いたり、味わったり、匂いをかいだり、触れたりという五感を常に働かせ、美しいものを見たり、良い道具に触れたり、美しいものを身に纏ったり、いろいろと教えを請うそうだ。このように京都の人は昔から美を追求してきた。これも女性が京都に惹かれる要因の1つであると私は考える。ここには「わかりやすい美」がある。「誰にでも理解できる美しさ」がある。この万人に共感を与える美が、とくに女性にとっては魅力なのであろう。

第3節 「わかりやすさ」と「謎」

　わかりやすければ何でもよいのかというとそうではない。何もかもが割り切れたら、それは簡単なことであるが、それが良いとは限らない。京都は碁盤の目のように綺麗に区画がなされている。通りの名前を縦と横で覚えれば、自分の所在地が明確になる。しかし、路地に入れば、そこには小さいが魅力的な店がたくさんある。商店街の中だけではなく、隣接した小さな筋にも、独特の店がある。つまり、京都は複雑でそこには謎が多いし、何度訪れても発見がある。京都検定に対して、人々が関心を示し、人気があるのは、知識の部分を受験勉強のように詰め込むのではなく、そこにわかりやすく魅力的な物語があるからである。それをひもとくのがおもしろいのである。それから、もうひとつは、謎を知ることができるからである。伝説や由来には今でもわからない謎が存在する。京都は奥深いというが、物語の多さと謎の多さ

も歴史の長さに比例して多い。

　わかりやすさという面は、区画だけではない。都市政策も京都市は明確にしている。たとえば京都市商業ガイドラインを作成し、目指すべきガイドラインを明示している。最新版は2007年12月13日付けで広報がなされている。ここには都市づくりの目標が掲げられている。設定された7つのゾーンごとに書かれ、7つのゾーンは、「広域型商業ゾーン」「地域型商業ゾーン」「近隣型商業育成ゾーン」「特化型商業誘導ゾーン」「職住共存ゾーン」「生活環境保全・共生ゾーン」「産業機能集積ゾーン」である。学生たちがよく訪れるのは「広域型商業ゾーン」である。すなわち四条河原町周辺とJR京都駅周辺である。次によく訪れるゾーンは「特化型商業誘導ゾーン」で、ここには嵐山が含まれている。一方、あまり足を運ばないのは、「産業機能集積ゾーン」である。ここは東高瀬川、国道1号線、十条通りなどの地域である。

　謎の部分をあげればきりがない。地名ひとつでも化野は「あだしの」とはなかなか読めない。その昔、遺体がそのまま放置される場所であったという。蛸薬師通の蛸はなぜつくのかということも、由来があっての名前である[注1]。謎は人の知りたいという好奇心に結びつくのである。

　京都らしさを考える上で、以下の2つのことが重要である。

　1つ目は、明確さとあいまいさである。これはわかりやすさと謎につながることである。もうひとつは、伝説と革新である。過去からの遺物が、歴史を語り、その多くは今でも神社・仏閣として残っている。しぐさや言葉も同様で、過去からの連綿と受け継がれた無形の文化財でもある。もちろん、現在には現在にみあった新しい店も生まれてきているし、産業も新しいIT産業が芽生えている京都らしさというのは、現在と過去が対をするのではなく、現在の中に過去の顔を見ることができるということである。和菓子にしても、おばんざいにしても、現代人の舌にあわせて調味されているはずである。しかし、そこには過去からの秘伝の味がいかされているかもしれない。和菓子などは特に先祖代々の製法が受け継がれているのである。

　学生たちが京都らしさについて話しあったときに、もう一歩ふみこめない壁がこの現在と過去のつながりであり、伝説と革新である。それは学生たちが由来や歴史にあかるくはないからであり、踏み込むための知識が不足して

いるからである。

　歴史的背景に興味を持って文献にあたり、理解を深め、時間の壁をのり越える努力が必要だろう。

☆─注釈
1) 博学こだわり倶楽部編『京都の謎どすえ〜』河出書房新社、2005年には、化野については p.93 から p.94 に、由来などが掲載されている。蛸薬師通の蛸についてはその由来が p.91 から p.93 に掲載されている。

◎─参考文献
田中豊・脇本和昌『多変量統計解析法』現代数学社、1990年。
豊田秀樹『共分散構造分析（事例編）─構造方程式モデリング─』北大路書房、1998年。
博学こだわり倶楽部編『京都の謎どすえ〜』河出書房新社、2005年。

おわりに

　本書は、平成18年度の文部科学省「私立大学教育研究高度化推進特別補助」助成の研究成果を報告したものである。前年度に出版した『京に学ぶ－追大ブランディングチームの挑戦－』(アスカ文化社、2007年3月刊行)に続く2作目である。

　京都という素晴らしい国際都市の良さを、いかに他都市に応用していくか、地域ブランドを構築するとはどういうことなのか、をテーマに、様々な視点から京都のブランド性について、学生とともに学んできた。前述の『京に学ぶ』では、京都に対する学生の率直な感想を中心に、京都の魅力をまとめたが、本書ではその魅力の拠って来る源の解明をこころみたつもりである。

　1年間の教育成果をまとめる作業は、あわただしく、かつ、舌足らずなものになりがちである。しかし、自らの体験から学んだことを、反省的に書きとめておかなければ、学生たちは、単に京都に行っただけで終わってしまうだろう。彼らは、講義や演習の合間をぬって頻繁に京都へ足を運んだ。それぞれに感じたこと、発見したことも多かった。たとえば、経営学部の学生らしく、錦市場の賑わいは好きなようだし、若者らしく、ココン烏丸や新風館などの新しい施設には惹かれるようだ。彼らは、若い感性で、京都の新旧のブランドの成り立ちや特異性をしっかり学んだと思う。

　本書で紹介した学生たちの体験記は、そのメモリアルである。不体裁で読みにくい文章も多かったが、あえてほとんど手を加えずそのまま収録した。今どきの大学生が京都ブランドに感じ取った"今"が、息遣いもそのままに読者に伝われば望外の仕合せだ。

　2008年4月からは、京都を舞台に、創作活動や店舗展開に挑戦しておられる新世代のクリエイティブに焦点をあてて、研究・教育をすすめて行く予定である。アントレプレナーや個店経営に関心がある学生に、参与観察や聞き取り調査をつうじて、モノづくりやコンセプト形成の現場を直に触れさせたい。それは、学生にとって、大人のコミュニケーション能力を磨く修練であ

ると同時に、将来のキャリア開発の得がたい機会でもあると考える。

　最後に、前著から一貫して、学生たちの指導に加わってくださっている追手門学院大学国際教養学部の梅村修准教授には、この場をかりて心から御礼申しあげたい。梅村先生には、いつも京都での企画やアイデアの相談にのってもらっている。また、ご自身の専門分野から、学生たちへの日本語指導もいただいている。本当にありがたい。最近、もちまえの渋いセンスが冴えわたるようになった。

　また、いつも無理をきいて下さる白桃書房の平千枝子さんにも心から感謝申し上げます。本当にありがとうございました。

辻　幸恵

◎―著者略歴

辻　幸恵（つじ　ゆきえ）

追手門学院大学経営学部教授
武庫川女子大学大学院家政学研究科博士後期課程修了、博士（家政学）。
著書に、『ブランドと日本人』（単著、白桃書房、1998年）、
『流行と日本人』（単著、白桃書房、2001年）、
『京に学ぶ』（単著、アスカ文化出版、2007年）、
『京都こだわり商空間』（単著、嵯峨野書院、2009年）、
『企業価値評価とブランド』（共著、白桃書房、2002年）、
『流行とブランド』（共著、白桃書房、2004年）、
『流行と社会』（共著、白桃書房、2004年）、
『アート・マーケティング』（共著、白桃書房、2006年）、
『消費社会とマーケティング』（共著、嵯峨野書院、2007年）、
『キャラクター総論』（共著、白桃書房、2009年）など。

京都とブランド ―京ブランド解明・学生の視点　〈検印省略〉

■発行日――2008年3月26日　初版発行
　　　　　2010年3月26日　第2刷発行

■著　者――辻　幸恵

■発行者――大矢栄一郎

■発行所――株式会社　白桃書房
　　　　　〒101-0021　東京都千代田区外神田5-1-15
　　　　　℡03-3836-4781　FAX03-3836-9370　振替00100-4-20192
　　　　　http://www.hakutou.co.jp/

■印刷／製本――藤原印刷

©Yukie Tsuji 2008 Printed in Japan　ISBN 978-4-561-66169-6 C3063

JCOPY ＜(社)出版者著作権管理機構　委託出版物＞
本書の無断複写は著作権法上での例外を除き禁じられています。複写される場合は、
そのつど事前に、(社)出版者著作権管理機構（電話03-3513-6969、FAX 03-3513-6979、
e-mail : info@jcopy.or.jp）の許諾を得てください。

落丁本・乱丁本はおとりかえいたします。

辻 幸恵【著】
流行と日本人
若者の購買行動とファッション・マーケティング

新しい社会への移行期間として現在をとらえると，今この時期現在の流行の真髄を探ることは重要である。本書は，日本の若者が心を奪われるモノを数値によって示し，いろいろな角度から「流行」を解明する。

ISBN978-4-561-66118-4　C3063　A5判　186頁　本体2200円

株式会社
白桃書房

（表示価格には別途消費税がかかります）